똑 Smart 똑똑하게
픽 Pick 하자!

TOPIK II 시험대비
쓰기&읽기 (기출문제)

김남희 · 김혜빈 · 황미혜 지음

산지니

똑똑하게 픽하자

TOPIK 토픽 II 시험대비 쓰기&읽기

초판 1쇄 발행 2019년 11월 16일

지은이 김남희 김혜빈 황미혜
펴낸이 강수걸
편집장 권경옥
편집 이은주 박정은 강나래 윤은미
디자인 권문경 조은비
펴낸곳 산지니
등록 2005년 2월 7일 제333-3370000251002005000001호
주소 부산시 해운대구 수영강변대로 140 BCC 613호
전화 051-504-7070 | 팩스 051-507-7543
홈페이지 www.sanzinibook.com
전자우편 sanzini@sanzinibook.com
블로그 sanzinibook.tistory.com

ISBN 978-89-6545-632-2 13710

* 책값은 뒤표지에 있습니다.
* 이 도서의 국립중앙도서관 출판예정도서목록(CIP)은 서지정보유통지원시스템 홈페이지(http://seoji.nl.go.kr)와 국가자료공동목록시스템(http://www.nl.go.kr/kolisnet)에서 이용하실 수 있습니다.(CIP제어번호: CIP2019042409)

차례

시험 안내

<시험의 목적>

- 한국어를 모국어로 하지 않는 재외동포 · 외국인의 한국어 학습 방향 제시 및 한국어 보급 확대
- 한국어 사용능력을 측정 · 평가하여 그 결과를 국내 대학 유학 및 취업 등에 활용

<응시 대상>

한국어를 모국어로 하지 않는 재외동포 및 외국인으로서

- 한국어 학습자 및 국내 대학 유학 희망자
- 국내외 한국 기업체 및 공공기관 취업 희망자
- 외국 학교에 재학 중이거나 졸업한 재외국민

<시험의 활용처>

- 정부 초청 외국인장학생 진학 및 학사관리
- 외국인 및 12년 외국 교육과정이수 재외동포의 국내 대학 및 대학원 입학
- 한국기업체 취업희망자의 취업비자 획득 및 선발, 인사 기준
- 외국인 의사자격자의 국내 면허 인정
- 외국인의 한국어교원 자격 심사(국립국어원) 지원서류
- 결혼이민자 비자 발급 신청

<시험시간표>

구분	교시	영역	한국			시험시간 (분)
			입실 완료 시간	시작	종료	
TOPIK II	1교시	듣기 쓰기	12:20까지	13:00	14:50	110
	2교시	읽기	15:10까지	15:20	16:30	70

<시험의 수준 및 등급>

- 시험수준: TOPIK I, TOPIK II
- 평가등급: 6개 등급 (1~6급)

  획득한 종합점수를 기준으로 판정되며, 등급별 분할점수는 아래와 같습니다.

구분	TOPIK II			
	3급	4급	5급	6급
점수	120점 이상	150점 이상	190점 이상	230점 이상

<문항 구성>

1. 수준별 구성

시험수준	교시	영역	유형	문항수	배점	총점
TOPIK II	1교시	듣기	선택형	50	100	300
		쓰기	서답형	4	100	
	2교시	읽기	선택형	50	100	

2. 문제 유형

- 선택형 문항(4지선다형)
- 서답형 문항(쓰기 영역)
  - · 문장완성형(단답형): 2문항
  - · 작문형: 2문항

  (200~300자 정도의 중급 수준 설명문 1문항, 600~700자 정도의 고급 수준 논술문 1문항)

<쓰기영역 작문 문항 평가 범주>

51–52	내용 및 과제 수행	– 제시된 과제에 맞게 적절한 내용으로 썼는가?
	언어 사용	– 어휘와 문법 등의 사용이 정확한가?
53–54	내용 및 과제 수행	– 주어진 과제를 충실히 수행하였는가? – 주제에 관련된 내용으로 구성하였는가? – 주어진 내용을 풍부하고 다양하게 표현하였는가?
	글의 전개 구조	– 글의 구성이 명확하고 논리적인가? – 글의 내용에 따라 단락 구성이 잘 이루어졌는가? – 논리 전개에 도움이 되는 담화 표지를 적절하게 사용하여 조직적으로 연결하였는가?
	언어 사용	– 문법과 어휘를 다양하고 풍부하게 사용하며 적절한 – 문법과 어휘를 선택하여 사용하였는가? – 문법, 어휘, 맞춤법 등의 사용이 정확한가? – 글의 목적과 기능에 따라 격식에 맞게 글을 썼는가?

<등급별 평가 기준>

TOPIK II	3급	– 일상생활을 영위하는 데 별 어려움을 느끼지 않으며 다양한 공공시설의 이용과 사회적 관계 유지에 필요한 기초적 언어 기능을 수행할 수 있다. – 친숙하고 구체적인 소재는 물론, 자신에게 친숙한 사회적 소재를 문단 단위로 표현하거나 이해할 수 있다. – 문어와 구어의 기본적인 특성을 구분해서 이해하고 사용할 수 있다.
	4급	– 공공시설 이용과 사회적 관계 유지에 필요한 언어 기능을 수행할 수 있으며, 일반적인 업무 수행에 필요한 기능을 어느 정도 수행할 수 있다. – 뉴스, 신문 기사 중 비교적 평이한 내용을 이해할 수 있다. – 일반적인 사회적 · 추상적 소재를 비교적 정확하고 유창하게 이해하고 사용할 수 있다. – 자주 사용되는 관용적 표현과 대표적인 한국 문화에 대한 이해를 바탕으로 사회 · 문화적인 내용을 이해하고 사용할 수 있다.
	5급	– 전문 분야에서의 연구나 업무 수행에 필요한 언어 기능을 어느 정도 수행할 수 있다. – 정치, 경제, 사회, 문화 전반에 걸쳐 친숙하지 않은 소재에 관해서도 이해하고 사용할 수 있다. – 공식적 · 비공식적 맥락과 구어적 · 문어적 맥락에 따라 언어를 적절히 구분해 사용할 수 있다.
	6급	– 전문 분야에서의 연구나 업무 수행에 필요한 언어 기능을 비교적 정확하고 유창하게 수행할 수 있다. – 정치, 경제, 사회, 문화 전반에 걸쳐 친숙하지 않은 주제에 관해서도 이해하고 사용할 수 있다. – 원어민 화자의 수준에는 이르지 못하나 기능 수행이나 의미 표현에는 어려움을 겪지 않는다.

출처 : TOPIK 공식 홈페이지 http://www.topik.go.kr

<원고지 작성 방법>

1. 글을 처음 시작하거나, 문단이 바뀔 때에는 첫 칸을 비운다.

✓	요	즘		학	교	에		들	어	가	지		않
은		아	이	들	에	게		다	양	한		교	육
을		실	시	하	는		경	우	가		많	다	.
✓	먼	저		조	기		교	육	의		가	장	

2. 줄의 끝에서 띄어쓰기를 해야 하는 경우, 다음 줄의 첫 칸을 띄우지 않는다.

	경	우	가		많	다	.	어	릴		때	부	터
이	루	어	지	는		조	기		교	육	은		좋

3. 따옴표로 시작되는 문장은 첫 칸을 비우고 시작하며, 따옴표가 끝날 때까지 첫 칸을 비운다. 따옴표가 끝난 바로 다음 문장도 첫 칸을 비운다.

✓	“	안	녕	하	세	요	.	제		이	름	은	
✓	김	준	수	입	니	다	.	”					
✓	그		남	자	는		밝	게		웃	으	며	

4. 알파벳 대문자는 한 칸에 한 자씩, 소문자는 한 칸에 두 자씩 쓴다.

	K	O	R	E	A								
	M	y		na	me		is			S	ar	a	.

5. 숫자는 한 칸에 두 자씩 쓴다.

	오	늘	은		8	월		15	일	이	다	.	

6. 문장 부호는 한 칸에 하나씩 쓴다.

	“	준	수	야	,	오	늘		뭐	해	?	”	

7. 느낌표(?), 물음표(!) 등은 칸의 가운데에 쓰고, 따옴표(“”), 반점(,) 온점(.)은 칸의 한쪽에 치우치게 쓴다.

	?	!		“	”		,	.					

8. 느낌표(?), 물음표(!) 등의 문장 부호는 다음 한 칸을 비운다.

	“	여	기	서		뭐	해	?		집	에		안

9. 마침표, 쉼표 등의 부호는 다음 칸을 비우지 않는다.

	“	안	녕	하	세	요	.	제		이	름	은	

10. 마침표, 쉼표 등이 원고지 끝에 올 경우 다음 줄로 내리지 않고 원고지 칸 밖에 쓴다.

육	을		실	시	하	는		경	우	가		많	다 .

TOPIK II

연습문제

1-1 쓰기 연습문제

유형 01 실용문 빈칸에 들어갈 알맞은 문장 쓰기 (51번)

〈기출문제 - TOPIKⅡ 60회〉

51 다음을 읽고 ㉠과 ㉡에 들어갈 말을 각각 한 문장으로 쓰시오. (10점)

> 제목 : 도서관을 이용하고 싶습니다.
>
> 작성자 : 타넷(2018-10-20)
>
> 한국대학교를 졸업한 학생인데 도서관을 이용하고 싶습니다.
> 선배에게 물어보니 졸업생이 도서관을 이용하려면 출입증이 (　　㉠　　).
> 출입증을 만들려면 (　　㉡　　)?
> 방법을 알려 주시면 감사하겠습니다.

㉠ : ____________________

㉡ : ____________________

정답 및 해설

〔정답〕 ㉠ 필요하다고 합니다 / 있어야 한다고 합니다

〔해설〕 문장의 처음에 도서관을 이용하고 싶다는 내용과, ㉠ 앞에 '도서관을 이용하려면 출입증이'라는 내용이 나와 있다. 따라서 ㉠에는 도서관을 이용하기 위해서는 출입증이 필요하다는 내용이 오는 것이 자연스럽다.

〔정답〕 ㉡ 어떻게 해야 합니까 / 어떻게 해야 됩니까

〔해설〕 앞의 문장에는 '출입증을 만들려면'이라는 내용이 있으므로, 뒤에는 출입증을 만들기 위해서는 어떻게 해야 하는 것인지 묻는 내용이 이어져야 자연스럽다.

채점기준

㉠	– 내용 요소 (3점) : '출입증이'와 호응하는 '필요하다/있어야 하다' 등의 의미를 나타내는 어휘 사용 – 형식 요소 (2점) : '선배에게 물어보니'와 호응하는 간접화법 '–다고 하다/듣다' 표현 사용 – 격식체
㉡	– 내용 요소 (2점) : '어떻게 하다'의 의미를 나타내는 어휘 사용 ('무엇을 하다/어디로 가다'와 같은 의미도 정답으로 처리) – 형식 요소 (3점) : '만들려면'과 호응하는 '–아/어/여야 하다' 표현 사용 – 격식체

시험 TIP

- 글의 제목을 통해 글을 쓴 목적을 파악할 수 있어요.
- ㉠, ㉡ 중 하나는 글의 목적이 들어가는 경우가 많아요.
- 51, 52번 문제는 답을 작성할 때 격식적이거나 문어적인 표현을 사용해야 해요.
- 초급 문법만 사용하면 감점이 될 수 있으니, 중급 수준의 문법을 사용해야 해요.

[1~4] 다음을 읽고 ㉠과 ㉡에 들어갈 말을 각각 한 문장으로 쓰십시오. (10점)

1

수영 회원 모집 안내 날이 더워 운동하기 힘들다고요? 그렇다면 (　　㉠　　). 시원하게 운동하며 살을 뺄 수 있습니다. (　　㉡　　)? 회사에 출근하지 않는 주말반도 운영하고 있으니 걱정하지 마세요. 신청은 '○○ 수영장' 051-＊＊＊-＊＊＊＊로 전화주세요.

㉠ :

㉡ :

2

기말고사 안내 ○○ 대학교입니다. 다음 주부터 (　　㉠　　). 시험 기간에는 도서관을 새벽 2시까지 개방합니다. 도서관에서 조용히 공부를 해주시기 바랍니다. 특히 전화를 할 때는 (　　㉡　　). 도서관에서 전화를 하면 다른 학생들에게 방해가 됩니다.

㉠ :

㉡ :

3

아르바이트 모집 안내

안녕하세요? '○○ 빵집' 입니다.
이번에 저희 가게에서 (㉠).
근무 시간은 오전 10시부터 오후 4시까지입니다.
(㉡)?
빵에 대해서 잘 몰라도 쉽게 일할 수 있으니 걱정하시 마십시오.
아르바이트를 하고 싶은 분은 '○○ 빵집' 으로 와 주십시오.

㉠ : ....

㉡ : ....

4

우리 마트 이전 안내

안녕하세요? 우리 마트입니다.
이번에 (㉠).
○○ 지하철역 2번 출구로 나오시면 바로 앞에 마트가 있습니다.
더 좋은 위치에서 좋은 물건으로 보답하겠습니다.
지금까지 많이 이용해주셔서 감사드리며, 앞으로도 친절한 (㉡).

㉠ : ....

㉡ : ....

유형 02

설명문 빈칸에 들어갈 알맞은 문장 쓰기 (52번)

〈기출문제 - TOPIK Ⅱ 60회〉

52 다음을 읽고 ㉠과 ㉡에 들어갈 말을 각각 한 문장으로 쓰시오. (10점)

> 사람들은 음악 치료를 할 때 환자에게 주로 밝은 분위기의 음악을 들려줄 것이라고 생각한다. 그러나 환자에게 항상 밝은 분위기의 음악을 (㉠). 치료 초기에는 환자가 편안한 감정을 느끼는 것이 중요하다. 그래서 환자의 심리 상태와 비슷한 분위기의 음악을 들려준다. 그 이후에는 환자에게 다양한 분위기의 음악을 들려줌으로써 환자가 다양한 감정을 (㉡).

㉠ : ....

㉡ : ....

정답 및 해설

〔정답〕 ㉠ 들려주는 것은 아니다 / 사용하는 것은 아니다

〔해설〕 첫 문장에서 음악 치료를 할 때 환자에게 주로 밝은 분위기의 음악을 들려줄 것이라고 생각한다는 내용 뒤에 '그러나'라는 앞의 내용과 반대되는 접속 부사가 왔으므로, 앞의 내용과 반대되는 내용이 와야 한다.

〔정답〕 ㉡ 느끼도록 한다 / 느끼게 한다

〔해설〕 음악을 통해서 '감정을 느끼는 것이 중요하다'라는 표현이 나오므로, ㉡에서도 음악을 통해 '감정을 느낀다'라는 표현이 와야 한다는 것을 유추할 수 있다.

채점기준

㉠	– 내용 요소 (2점) : '환자에게' 및 '음악을'과 호응하는 '들려주다/틀어주다/사용하다'의 의미를 나타내는 어휘 사용 – 형식 요소 (3점) : '항상'과 호응하는 '–는 것은 아니다' 표현 사용 ('–지 않다'는 '항상' 때문에 문장의 의미가 완전 부정으로 바뀌게 되므로 점수에서 제외할 것)
㉡	– 내용 요소 (3점) : '감정을'과 호응하는 '느끼다'의 의미를 가진 어휘 사용 – 형식 요소 (2점) : '음악을 들려줌으로써 환자가 다양한 감정을'과 호응하는 '–게 하다/–도록 하다' 표현 사용

시험 TIP

- 빈칸이 있는 문장이나 빈칸의 앞뒤 문장에 나오는 접속 부사를 살펴보세요.
- 51, 52번 문제는 답을 작성할 때 격식적이거나 문어적인 표현을 사용해야 해요.
- 초급 문법만 사용하면 감점이 될 수 있으니, 중급 수준의 문법을 사용해야 해요

52번 접속 부사의 의미 관계

앞	접속부사	뒤
긍정	그리고 (앞뒤 내용 일치)	긍정
부정		부정
긍정	그러나 / 하지만 (앞뒤 내용 반대)	부정
부정		긍정
원인	그래서 / 따라서 (원인과 결과)	결과

연습문제

[1~4] 다음을 읽고 ㉠과 ㉡에 들어갈 말을 각각 한 문장으로 쓰시오.

1

반려동물을 키우는 사람들이 증가하면서 이제 반려동물은 그저 동물이 아닌 가족의 구성으로서 자리 잡고 있다. 그러나 이와 동시에 동물을 버리는 현상도 (㉠   ). 게다가 동물학대로 인한 뉴스도 빈번하게 보도되고 있다. 이러한 현상들은 아직 우리나라가 반려동물에 대한 인식이 낮다는 것을 보여준다. 그렇기 때문에 시대의 흐름에 따라 반려동물에 대한 인식도 (㉡   ).

㉠ : ....

㉡ : ....

2

우리 몸의 70%는 물로 이루어져 있다. 그렇기 때문에 건강을 유지하는 가장 간단한 방법 중 하나는 (㉠   ). 물은 하루에 2.5L 정도를 마시는 것이 적절하다. 요즘에는 물 대신 커피를 마시는 경우가 많다. 그러나 커피는 오히려 (㉡   ). 따라서 커피를 마시면 커피가 몸속에서 내보낸 수분의 양만큼 물을 마시는 것이 좋다.

㉠ : ....

㉡ : ....

3

말은 그 사람의 내면을 비춰주는 거울과 같다. 바른 인격을 지닌 사람은 긍정적이고 남을 존중하는 말을 사용한다. 그러나 바르지 못한 인격을 지닌 사람은 (㉠). 즉 말은 그 사람의 (㉡). 그렇기 때문에 바른 인격을 드러내기 위해서는 말을 할 때 주의를 기울여야 한다.

㉠ :

㉡ :

4

최근 미세먼지 문제가 심각하다. 그래서 미세먼지로부터 건강을 지키기 위해 (㉠). 그런데 전문가들은 마스크를 쓸 때 꼭 (㉡). 미세먼지 마스크가 아닌 일반 마스크를 사용할 경우 미세먼지를 막아주는 효과가 거의 없기 때문이다.

㉠ :

㉡ :

유형 03

자료 분석해서 글쓰기 (53번)

〈기출문제 - TOPIKⅡ 60회〉

53 다음을 참고하여 '인주시의 자전거 이용자 변화'에 대한 글을 200~300자로 쓰시오. 단, 글의 제목을 쓰지 마시오. (30점)

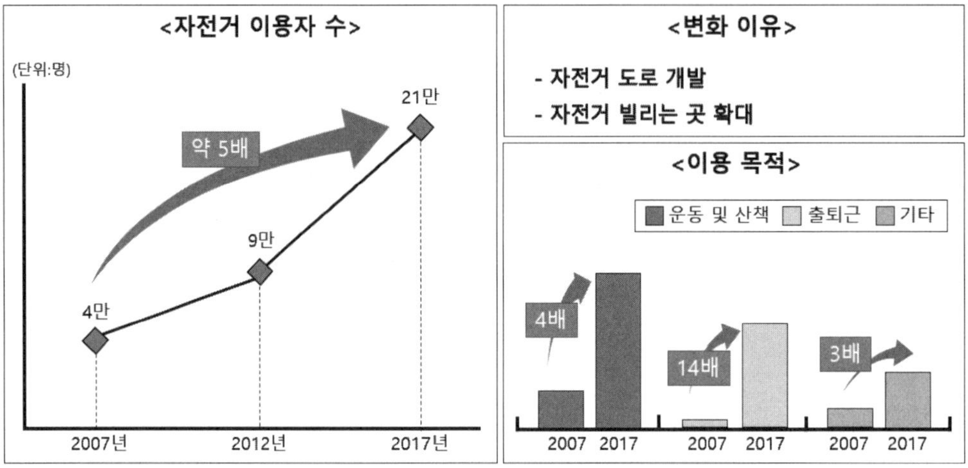

〔원고지 쓰기의 예〕

	사	람	들	은		음	악		치	료	를		할		때		환	자	에
게		주	로		밝	은		분	위	기	의		음	악	을		들	려	줄

정답 및 해설

〔정답〕 인주시의 자전거 이용자 변화를 살펴보면, 자전거 이용자 수는 2007년 4만 명에서 2012년에는 9만 명, 2017년에는 21만 명으로, 지난 10년간 약 5배 증가하였다. 특히 2012년부터 2017년까지 자전거 이용자 수가 급증한 것으로 나타났다. 이와 같이 자전거 이용자 수가 증가한 이유는 자전거 도로가 개발되고 자전거 빌리는 곳이 확대되었기 때문인 것으로 보인다. 자전거 이용 목적을 보면 10년간 운동 및 산책은 4배, 출퇴근은 14배, 기타는 3배 늘어난 것으로 나타났으며, 출퇴근 시 이용이 가장 높은 증가율을 보였다. (299자)

채점기준

1. 자전거 이용자 수 그래프 읽기
– 그래프에 표시된 모든 정보 제시 : 연도별 이용자 수 및 증가폭 – 자전거 이용자 수의 변화 읽기 • 2007년에서 2012년까지의 자전거 이용자 수의 변화 : 증가하다/많아지다/늘어나다 • 2012년에서 2017년까지의 자전거 이용자 수의 변화 : 급격하게 증가하다
2. 자전거 이용자 수의 변화 이유 밝히기
– 자전거 도로 개발 – 자전거 빌리는 곳 확대
3. 이용 목적 그래프 읽기
– 그래프에 표시된 모든 정보 제시 : 이용 목적, 증가폭 – 이용 목적별 변화 읽기 : 이용 목적별 증가폭 비교 (10년간 출퇴근 시 이용 목적이 큰 폭으로 증가함)

시험 TIP

- 서론(1~2문장), 본론(3~5문장), 결론(1~2문장)의 구성으로 쓰는 것이 좋아요.
- 자료에 제시된 정보를 모두 활용하여 글을 써야 해요.

53번 설문 조사(도표 및 그래프) 어휘

	어휘		
1	–(으)로 나타나다	6	–에 불과하다
2	–(으)로 조사되다	7	–에 육박하다
3	–에 그치다	8	–이/가 늘어나다
4	–에 달하다	9	–이/가 상승하다
5	–에 도달하다	10	–이/가 줄어들다

1 다음을 참고하여 '국내 출생아 수에 따른 출산율 저하의 원인'에 대한 글을 200~300자로 쓰시오. 단, 글의 제목을 쓰지 마시오. (30점)

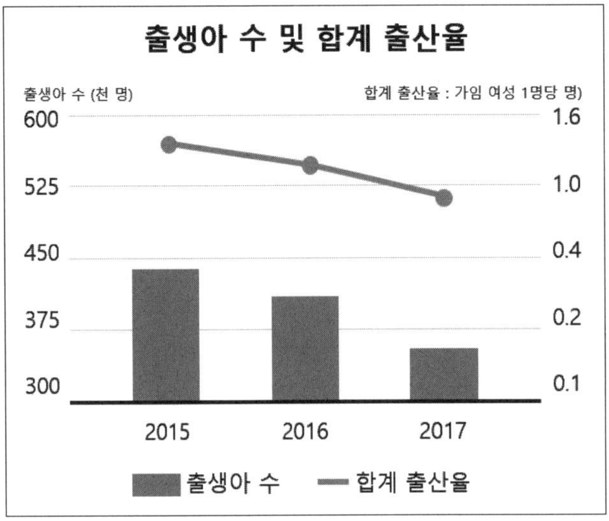

출산율 저하 원인
1. 자녀 양육비 및 교육비 부담 2. 소득과 고용의 불안정 3. 가치관의 변화 4. 일과 가정 양립의 어려움

2 다음 표를 참고하여 재택근무의 장단점과 재택근무를 할 때 유의해야 할 점을 200~300자로 쓰시오. 단, 글의 제목을 쓰지 마시오. (30점)

재택근무의 장단점

장점	단점
• 출퇴근 시간이 자유롭다.	• 의사소통이 제대로 안 될 수 있다.
• 집안일을 병행할 수 있다.	• 집중력이 흐려질 수 있다.
• 식비를 절약할 수 있다.	• 에너지 비용(냉방비)이 든다.

3 다음을 참고하여 '한국의 혼인 현상'에 대한 글을 200~300자로 쓰시오. 단, 글의 제목을 쓰지 마시오. (30점)

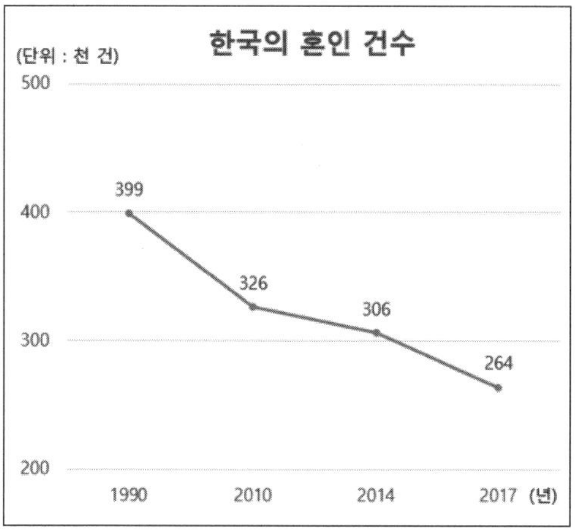

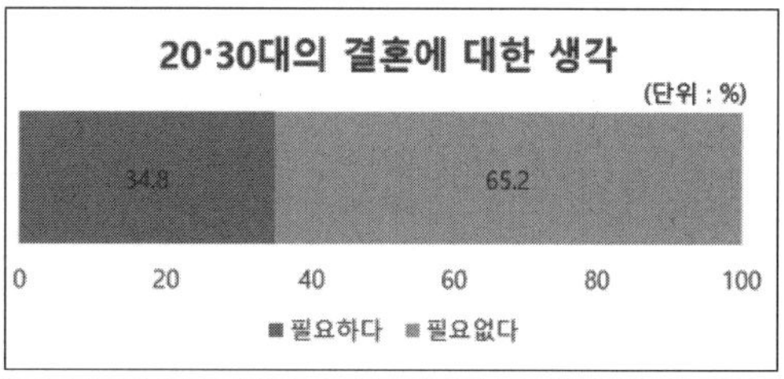

결혼 기피 이유

- 금전적 문제
- 양가 갈등에 따른 결혼 생활에 대한 부담
- 자녀 교육에 대한 불안

4 다음은 '스마트폰 이용 현황'에 대해 20대와 40대 500명을 대상으로 실시한 설문조사입니다. 그래프를 보고, 조사 결과를 비교하여 200~300자로 쓰시오. 단, 글의 제목을 쓰지 마시오. (30점)

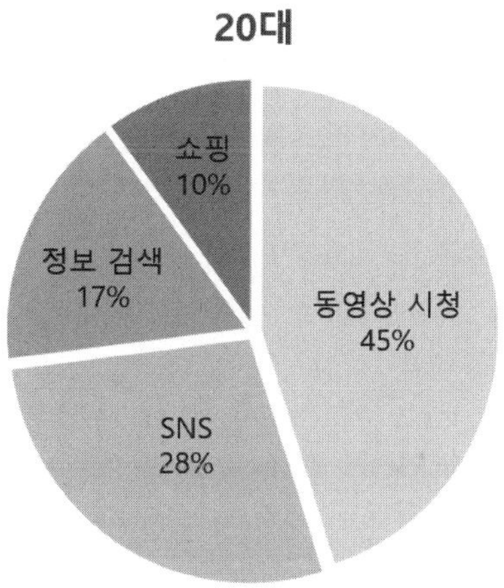

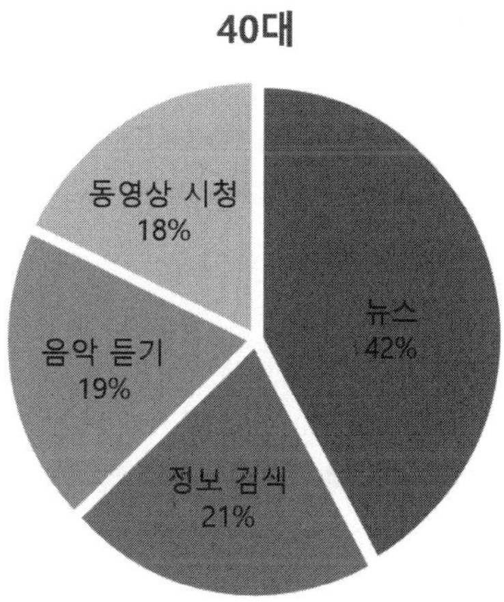

유형 04

글을 읽고 자신의 생각 쓰기 (54번)

〈기출문제 - TOPIK Ⅱ 60회〉

54 다음을 주제로 하여 자신의 생각을 600~700자로 글을 쓰시오. 단, 문제를 그대로 옮겨 쓰지 마시오. (50점)

요즘은 아이가 학교에 들어가기 전 어릴 때부터 악기나 외국어 등 여러 가지를 교육하는 경우가 많다. 이러한 조기 교육은 좋은 점도 있지만 문제점도 있다. 아래의 내용을 중심으로 '조기 교육의 장점과 문제점'에 대해 자신의 의견을 쓰라.

- 조기 교육의 장점은 무엇인가?
- 조기 교육의 문제점은 무엇인가?
- 조기 교육에 찬성하는가, 반대하는가? 근거를 들어 자신의 의견을 쓰라.

〔원고지 쓰기의 예〕

	사	람	들	은		음	악		치	료	를		할		때		환	자	에
게		주	로		밝	은		분	위	기	의		음	악	을		들	려	줄

정답 및 해설

〔정답〕 요즘은 학교에 들어가지 않은 아이들에게 다양한 교육을 실시하는 경우가 많다. 어릴 때부터 이루어지는 조기 교육은 좋은 점도 있지만 문제점도 있다.

먼저 조기 교육의 가장 큰 장점은 아이의 재능을 일찍 발견하고 아이가 가진 잠재력을 극대화할 수 있다는 점이다. 예를 들어 예체능계의 유명인 중에는 어릴 때부터 체계적인 교육을 받은 경우가 많다. 또 다른 조기 교육의 장점은 아이의 학업 경쟁력을 높일 수 있다는 점이다. 이 외에도 조기 교육에서의 다양한 경험은 아이의 세계관을 넓히는 데 도움이 된다.

그러나 조기 교육은 부모의 강요에 의해 이루어질 수 있다는 문제점이 있다. 이로 인해 아이는 스트레스를 받거나, 억압적인 학습 경험의 반발로 학업에 흥미를 느끼지 못할 수 있다. 또한 조기 교육이 과도하게 이루어질 경우, 아이들의 정서 발달에 부정적인 영향을 미칠 수 있다.

조기 교육의 장점에도 불구하고 위의 문제점들을 고려하였을 때 조기 교육을 실시하는 것이 적절하지 않다고 생각한다. 진정한 교육이란 학습자의 자발성과 내적 동기를 전제로 이루어진다고 생각하기 때문이다. 아이는 발달 중에 있고 경험이 적기 때문에 자신이 무엇을 배우고 싶은지 명확히 인지하지 못할 가능성이 크다. 이는 아이의 동기보다 보호자의 바람이 조기 교육에 더 큰 영향을 미치게 되는 이유이기도 하다. 이러한 이유로 조기 교육을 실시하는 것에 반대한다. (693자)

채점기준

1. 조기 교육의 장점

- 재능을 일찍 발견함으로써 잠재력을 극대화할 수 있음
- 조기 교육을 통해 학업 경쟁력을 높일 수 있음
- 조기 교육에서의 다양한 경험을 통해 아이의 세계관을 넓힐 수 있음

2. 조기 교육의 문제점

- 부모의 강요에 의해 이루어질 수 있음
- 과도한 부담감 및 스트레스로 인하여 학업에 흥미를 느끼지 못할 수 있음
- 지나친 조기 교육은 아이의 정서 발달에 좋지 않음

3. 조기 교육에 대한 나의 생각

- 교육의 진정한 의미는 자발성과 내적 동기에 있음
- 어릴 때는 자신이 원하는 것을 인식하지 못할 가능성이 큼
- 조기 교육의 특성상 아이의 자발성보다는 보호자의 뜻이 더 중요하게 작용할 수밖에 없으므로 조기 교육은 진정한 교육이 아니라고 생각함
  (장단점에 기술된 내용을 3에서 반복할 경우 점수에서 제외할 것)

시험 TIP

- 서론 - 본론1(질문1) - 본론2(질문2) - 결론(자신의 의견) 순서로 작성하세요.
- 답을 쓸 때 주어진 질문에 대한 답이 반드시 들어가야 해요.

연습문제

[1~4] 다음을 주제로 하여 자신의 생각을 600~700자로 글을 쓰시오. 단, 문제를 그대로 옮겨 쓰지 마시오. (각 50점)

1

요즘은 CCTV가 설치되지 않은 곳이 없다. 상가를 비롯하여 길거리, 차량용 블랙박스까지 내가 모르는 곳에서도 나를 촬영하고 있다. 이러한 CCTV는 장점도 있지만 문제점도 있다. 아래의 내용을 중심으로 'CCTV의 설치 확대와 규제'에 대해 자신의 의견을 쓰라.

- CCTV의 장점은 무엇인가?
- CCTV의 문제점은 무엇인가?
- CCTV 설치의 확대를 찬성하는가, 반대하는가? 근거를 들어 자신의 의견을 쓰라.

2

'하얀 거짓말', '착한 거짓말'이라는 말이 있다. 이것은 상대방을 배려하고자 어쩔 수 없이 행하는 거짓말 즉, 선의의 거짓말을 말한다. 선의의 거짓말은 이로우니 해도 된다는 입장과, 거짓말은 모두 나쁘니 하면 안 된다는 두 가지 입장이 있다. 아래의 내용을 중심으로 선의의 거짓말에 대한 자신의 생각을 쓰라.

- 선의의 거짓말은 이로운가?
- 선의의 거짓말은 나쁜가?
- 선의의 거짓말은 필요한가? 근거를 들어 자신의 의견을 쓰라.

3

대화에서 가장 중요한 덕목은 경청이다. 경청은 단순히 귀 기울여 듣는 것뿐만 아니라, 내면의 의미와 감정까지 파악할 수 있는 것이다. 아래의 내용을 중심으로 '경청하는 자세'에 대해 자신의 의견을 쓰라.

- 경청하는 자세는 왜 중요한가?
- 경청하지 않으면 어떤 문제가 발생하는가?
- 경청은 어떻게 하는 것이 좋은가? 근거를 들어 자신의 의견을 쓰라.

100

200

300

4

최근 사람의 접근이 어려운 자연 관광지에 케이블카를 설치하는 곳이 많아졌다. 이러한 케이블카의 설치는 좋은 점도 있지만 문제점 또한 따른다. 아래의 내용을 중심으로 '자연 관광지 케이블카 설치의 장점과 문제점'에 대해 자신의 의견을 쓰라.

- 자연 관광지 케이블카 설치의 장점은 무엇인가?
- 자연 관광지 케이블카 설치의 문제점은 무엇인가?
- 자연 관광지 케이블카 설치에 찬성하는가, 반대하는가?
  근거를 들어 자신의 의견을 쓰라.

400

500

600

700

똑Smart똑하게 픽Pick하자 !

TOPIK II

연습문제

1-2 읽기 연습문제

유형 01 빈칸 채우기
유형 02 의미가 비슷한 구절 고르기
유형 03 실용문을 읽고 중심 소재 파악하기
유형 04 글 또는 그래프를 읽고 같은 내용 고르기
유형 05 순서에 맞게 배열하기
유형 06 빈칸에 들어갈 알맞은 내용 고르기 ❶
유형 07 빈칸에 알맞은 문장부사 고르기 + 글의 내용과 같은 것 고르기
유형 08 빈칸에 알맞은 관용어, 속담 고르기 + 글의 중심생각 고르기
유형 09 '나'의 심정 고르기 + 글의 내용과 같은 것 고르기
유형 10 신문 기사 제목 설명하기
유형 11 빈칸에 들어갈 알맞은 내용 고르기 ❷
유형 12 글을 읽고 같은 내용 고르기
유형 13 주제 고르기
유형 14 〈보기〉 글이 들어갈 알맞은 곳 고르기
유형 15 인물의 심정/말투/태도 고르기 + 글을 읽고 같은 내용 고르기
유형 16 주제 고르기 + 빈칸에 들어갈 알맞은 내용 고르기
유형 17 문장이 들어갈 알맞은 곳 찾기 + 글을 읽고 같은 내용 고르기
유형 18 글 쓴 목적 고르기 + 빈칸에 들어갈 알맞은 내용 고르기 + 필자의 태도 고르기

유형 01

빈칸 채우기 (1~2번)

〈기출문제 - TOPIK Ⅱ 60회〉

1 휴대 전화를 ( ) 내려야 할 역을 지나쳤다.

① 보든지 ② 보다가

③ 보려면 ④ 보고서

정답 및 해설

〔정답〕 ②

〔해설〕 '휴대 전화를 봐서'(원인) 내려야 할 역을 '지나쳤다'(결과)는 의미이다.
앞 절의 어떤 행위나 상태가 뒤 절의 부정적인 결과의 원인이나 이유임을 나타낼 때 사용하는 '-다가'가 정답이다.

시험 TIP

- 예문을 중심으로 실제 문장에서의 쓰임을 익히는 것이 중요해요.

✔ 1~2번 필수 연결/종결어미

연결어미					종결어미
1	–다가	9	–고 나서	1	–게 되다
2	–(으)ㄴ 채로	10	–느라고	2	–기로 하다
3	–(으)려고	11	–대로	3	–아/어 있다
4	–(이)든지	12	–만큼	4	–아/어 보이다
5	–(으)ㄹ수록	13	–아/어야	5	–(으)ㄹ까 하다
6	–아/어도	14	–(으)려면	6	–(으)려던 참이다
7	–(으)니까	15	–(으)ㄴ/는 데다가	7	–기만 하면 되다
8	–자마자	16	–는데도	8	–을(ㄹ) 수밖에 없다

1 그는 키가 (　　　) 농구를 잘한다.

① 작아서 ② 작아도

③ 작으면 ④ 작다면

2 집에 (　　　) 비가 내렸다.

① 도착한다면 ② 도착하거나

③ 도착하자마자 ④ 도착하든지

3 이번 여름엔 부산으로 여행을 (　　　).

① 가기로 했다 ② 가는 편이다

③ 가곤 했다 ④ 갈 따름이다

유형 02

의미가 비슷한 구절 고르기 (3~4번)

〈기출문제 - TOPIKⅡ 60회〉

4 이 컴퓨터는 낡아서 수리해 봐야 오래 쓰기 어렵다.

① 수리해 보니까 ② 수리하는 대로

③ 수리하는 바람에 ④ 수리한다고 해도

정답 및 해설

〔정답〕 ④

〔해설〕 '컴퓨터가 낡아서 수리를 해도'(시도) 쓸 수 없다는 의미이다.
근거나 이유, 목적 및 의도를 나타내는 '-는다고'와 사실이나 가정에 대한 기대가 어긋남을 나타내는 '-아/어도'가 합쳐진 '-(ㄴ/는)다고 해도'가 정답이다.

시험 TIP

- 예문을 중심으로 실제 문장에서의 쓰임을 익히는 것이 중요해요.

✔ 3~4번 비슷한 의미의 연결/종결어미

비슷한 의미의 연결 어미			비슷한 의미의 종결어미		
1	–기만 하면	–(으)ㄹ 때마다	1	–기에 달려있다	–기 나름이다
2	–아/어 봐야	–(ㄴ/는)다고 해도	2	–일 뿐이다	–에 불과하다
3	–게	–도록	3	–(으)ㄴ가/나 보다	–(으)ㄴ/는 모양이다
4	–고자	–기 위해서	4	–(이)나 마찬가지다	–(이)나 다름없다
5	–(으)ㄹ 정도로	–(으)ㄹ 만큼	5	–(으)ㄹ 수밖에 없다	–지 않을 수 없다
6	–(으)ㄴ/는 탓에	–는 바람에	6	–(으)ㄴ/는 척하다	–(으)ㄴ/는 체하다

1 식사를 할 시간이 <u>없을 정도로</u> 일이 많다.

① 없을 만큼　② 없다면
③ 없을까 봐　④ 없고자

2 아침에 늦게 <u>일어난 탓에</u> 약속에 늦었다.

① 일어나기 위해서　② 일어날 만큼
③ 일어나기만 하면　④ 일어나는 바람에

3 시험을 잘 치고 못 치고는 <u>공부하기에 달려 있다</u>.

① 공부하기 따름이다　② 공부할 모양이다
③ 공부하기 나름이다　④ 공부하기 십상이다

유형 03 실용문을 읽고 중심 소재 파악하기 (5~8번)

〈기출문제 - TOPIK Ⅱ 60회〉

6 다음은 무엇에 대한 글인지 고르십시오.

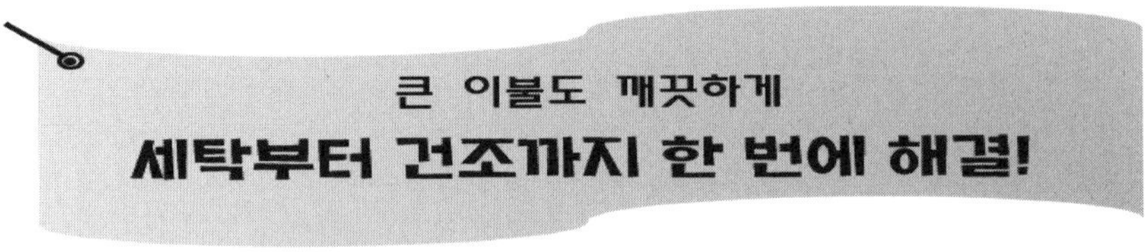

① 우체국 ② 여행사 ③ 편의점 ④ 빨래방

정답 및 해설

〔정답〕 ④

〔해설〕 '세탁, 건조'와 관련이 있는 ④ 빨래방이 정답이다.

시험 TIP

- 주어진 글에서 반복되는 명사에 주의하세요.
- 핵심어휘를 찾고, 그 단어들의 조합으로 연상되는 주제를 선택하세요.

✔ 5~8번 기출문제 '물건/장소' 명사 및 '주제'

물건		장소		주제	
1	세탁기	1	우체국	1	회원 모집
2	가습기	2	박물관	2	요금 종류
3	선풍기	3	백화점	3	구입 방법
4	냉장고	4	여행사	4	할인 안내
5	텔레비전	5	학원	5	주의사항
6	청소기	6	미용실	6	사용 설명
7	전화기	7	편의점	7	제품 광고
8	에어컨	8	도서관	8	이용 안내
9	정수기	9	세탁소	9	장소 안내
10	침대	10	지하철역	10	기부 광고

[1~4] 다음은 무엇에 대한 글인지 고르십시오.

1

> 바닷속 작은 물방울 하나까지
> **마치 눈앞에 있는 것처럼**

① 세탁기 ② 가습기 ③ 텔레비전 ④ 에어컨

2

> 조선으로 떠나는 시간 여행
> **조선 왕실의 역사를 들여다보다.**

① 우체국 ② 박물관 ③ 백화점 ④ 미용실

3

> 운동하는 사람은 멋있다.
> **지금 가입하시면 고급 스포츠 가방을 드립니다.**

① 회원 모집 ② 주의사항 ③ 이용 안내 ④ 장소 안내

4

> **작은 관심이 누군가를 살리는 소중한 손길이 됩니다.**
> 후원 안내 : 02-492-1004 (한 통당 500원 적립)

① 요금 종류 ② 사용 설명 ③ 구입 방법 ④ 기부 광고

글 또는 그래프를 읽고 같은 내용 고르기 (9~12번)

〈기출문제 - TOPIK Ⅱ 60회〉

10 다음 글 또는 그래프의 내용과 같은 것을 고르십시오.

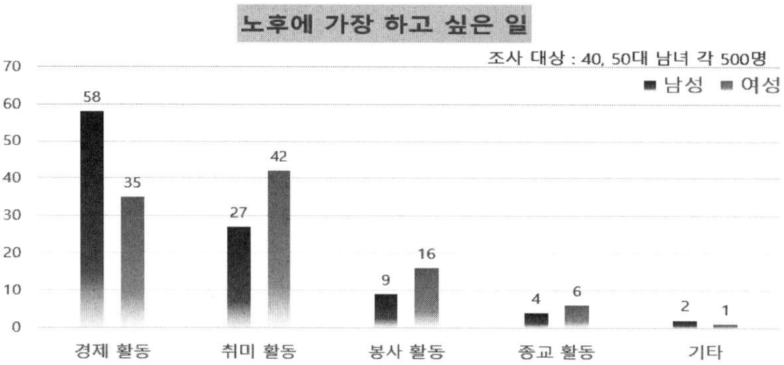

① 여성은 봉사 활동보다 취미 활동을 더 하고 싶어 한다.
② 종교 활동을 하고 싶어 하는 비율은 남성이 여성보다 높다.
③ 남녀 모두 경제 활동을 하고 싶다는 응답이 절반을 넘는다.
④ 경제 활동보다 봉사 활동을 하고 싶어 하는 남성들이 많다.

정답 및 해설

〔정답〕 ①
〔해설〕 여성의 봉사 활동 막대그래프보다 취미 활동의 막대그래프가 높게 나타난다. 따라서 여성은 봉사 활동보다 취미 활동을 더 하고 싶어 함을 알 수 있다.

시험 TIP

- 공고문과 그래프에 제시되는 단어들은 그 범위가 한정적이기 때문에 각각의 의미를 암기해 두는 것이 좋아요.
- 텍스트의 제목이나 개요 정도만 파악한 후 보기를 중심으로 오답을 제거하세요.

✔ 9~12번 공고문 및 그래프 관련 단어

	단어		단어		단어		단어		단어
1	관람료	5	비율	9	온라인 접수	13	접수	17	평일
2	기념품	6	선착순	10	위치	14	제출 서류	18	필수
3	단체	7	수강료	11	이용현황	15	지원 자격	19	할인
4	방문 접수	8	신청 방법	12	일시	16	참가비	20	홈페이지

[1~4] 다음 글 또는 그래프의 내용과 같은 것을 고르십시오.

1

2019년 진해 벚꽃 축제

세계 최대 벚꽃 축제가 진해에서 개최됩니다.
아름다운 벚꽃 길을 연인과, 친구와, 가족과 함께 걸으세요.

▶ 일시 : 2019년 4월 1일(월)부터 10일(수)까지
▶ 장소 : 여좌천
▶ 내용 : 벚꽃 길 걷기, 야외 공연, 사진 촬영
▶ 교통편 : 자가용 이용, 무료 셔틀버스 운영
▶ 기타 문의 : 진해 벚꽃 축제 홈페이지 질문 게시판 이용 바람

① 진해 벚꽃 축제는 사진 촬영이 금지되어 있다.
② 진해 벚꽃 축제는 일주일 동안 여좌천에서 열린다.
③ 진해 벚꽃 축제는 자가용이 없어도 무료 셔틀버스를 이용할 수 있다.
④ 궁금한 점이 있으면 진해 벚꽃 축제 홈페이지에 있는 전화번호로 연락한다.

2

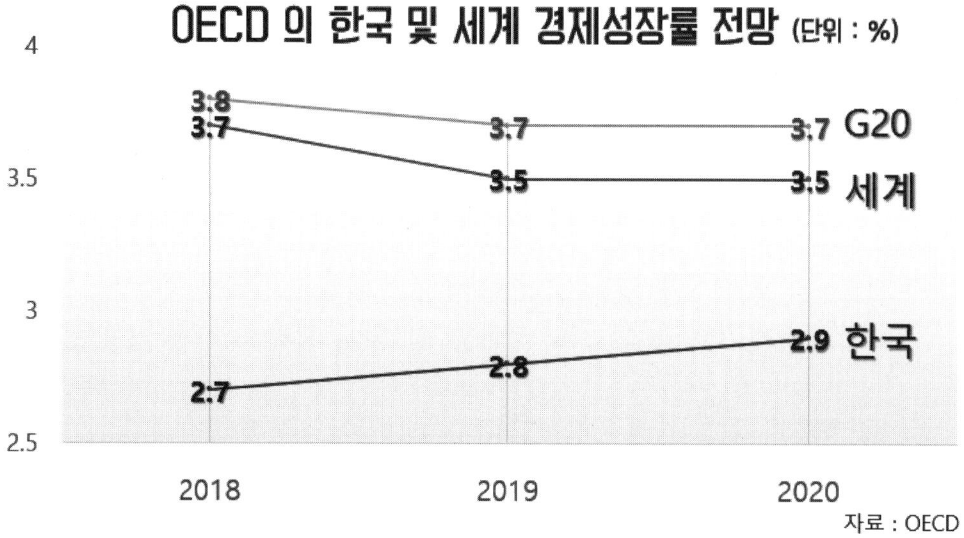

① 2019년에서 2020년 세계의 경제성장률은 감소한다.

② 2019년 세계의 경제성장률은 G20의 경제성장률보다 높다.

③ 2018년 한국의 경제성장률은 세계의 경제성장률보다 높다.

④ 2018년에서 2020년까지 한국의 경제성장률은 계속 증가한다.

3

최근 국내에서는 플라스틱을 줄이기 위한 운동이 시작되고 있다. 이에 환경운동가들은 플라스틱 빨대를 사용하는 대신 친환경 제품을 사용하는 것을 장려하고 있다. 그러나 플라스틱 빨대의 대체품으로 보급된 제품에 대한 불편함을 호소하는 사람도 적지 않다. 종이 빨대는 플라스틱 빨대에 비해 촉감이 이질적이고 쉽게 변형이 오며, 스테인리스나 실리콘 빨대는 반영구로 사용 가능하지만 일회용 제품에 비해 편리함이 떨어진다는 단점이 있다.

① 스테인리스 빨대는 종이 빨대에 비해 쉽게 변형이 온다.
② 종이 빨대는 스테인리스 빨대, 실리콘 빨대와 같이 반영구로 사용할 수 있다.
③ 환경운동가들은 친환경 제품 대신 플라스틱 빨대를 사용하는 것을 권장한다.
④ 플라스틱 빨대의 대체품으로는 종이 빨대, 스테인리스 빨대, 실리콘 빨대가 있다.

4

현대인의 필수품이 되어버린 스마트폰의 중독 문제가 심각하다. 이런 스마트폰 중독 문제는 남녀노소 할 것 없이 모두에게 나타나고 있다. 그렇기 때문에 스스로 하루에 몇 시간 정도 스마트폰을 하는지, 스마트폰에 많이 의존하고 있는지 현재의 상태를 정확하게 파악하는 것이 필요하다. 중독 증상이 의심되는 경우 전문가의 상담이나 치료를 받는 것을 권장한다. 이러한 스마트폰 중독 검사는 한국정보화진흥원에서 무료로 제공하고 있다.

① 스스로 스마트폰 중독인지 정확하게 알아볼 필요가 있다.
② 스마트폰 중독 문제는 아동에게 집중해서 나타나고 있다.
③ 스마트폰 중독 증상이 의심되는 경우 스스로 치료할 수 있다.
④ 스마트폰 중독 검사지는 한국정보화진흥원에서 구매 가능하다.

유형 05

순서에 맞게 배열하기 (13~15번)

〈기출문제 - TOPIK Ⅱ 60회〉

14 다음을 순서대로 맞게 배열한 것을 고르십시오.

(가) 요금을 내려고 보니 가방 어디에서도 지갑을 찾을 수 없었다.
(나) 감사의 인사를 전하는 나에게 아주머니는 환하게 웃어 주셨다.
(다) 회사에 지각할 것 같아서 막 출발하려는 버스를 뛰어가서 탔다.
(라) 그냥 내리려는데 뒤에 서 있던 아주머니가 대신 요금을 내주셨다.

① (가)-(다)-(나)-(라)　　② (가)-(라)-(다)-(나)
③ (다)-(가)-(라)-(나)　　④ (다)-(나)-(라)-(가)

정답 및 해설

〔정답〕 ③
〔해설〕 회사에 가려고 버스를 탔는데 지갑이 없어서 아주머니가 대신 내주신 것으로 이야기가 이어지는 것이 자연스럽다. 따라서 ③번이 정답이다.

시험 TIP

- '접속부사, 지시대명사, 지시형용사'로 시작하는 문장은 첫 번째 자리에 올 수 없어요.
- 근거나 이유를 나타내는 문장은 첫 번째 자리에 올 수 없어요.

✔ 13~15번 접속부사 / 지시대명사 / 지시형용사

접속부사		지시대명사		지시형용사	
1	하지만	1	이	1	이런
2	또한	2	그	2	그런
3	그리고	3	저	3	이렇게
4	그래서			4	그렇게
5	그러자				
6	그러므로				

[1~3] 다음을 순서대로 맞게 배열한 것을 고르십시오.

1

(가) 그러나 내일 오후에 비가 내리고 나면 주말부터 열대야가 시작될 전망이다.
(나) 폭염에 시달렸던 지난해와 달리 비교적 선선한 여름 날씨가 이어지고 있다.
(다) 찾아오는 더위에 대비하여 양산, 선글라스와 같은 용품을 준비하는 것이 좋다.
(라) 또한 본격적인 휴가철이 시작하는 다음 주부터는 무더위가 기승을 부릴 것으로 예상된다.

① (나)-(다)-(가)-(라)　② (나)-(가)-(라)-(다)
③ (다)-(가)-(라)-(나)　④ (다)-(라)-(가)-(나)

2

(가) 이 20일의 기간 동안 닭고기의 판매량은 평소보다 배는 늘어난다.
(나) 복날은 10일 간격으로 오기 때문에 초복과 말복까지는 20일이 걸린다.
(다) 이는 닭으로 삼계탕을 만들어 먹어 복날에 원기를 회복하기 위해서이다.
(라) 삼복은 흔히 복날이라고 하며, 초복, 중복, 말복을 통틀어 이르는 말이다.

① (가)-(다)-(나)-(라)　② (나)-(가)-(다)-(라)
③ (나)-(라)-(가)-(다)　④ (라)-(나)-(가)-(다)

3

(가) 이러한 결과를 바탕으로 환경청은 인공둥지를 점차 늘려갈 계획이라고 전했다.
(나) 그 결과, 하늘다람쥐 12마리가 인공둥지 정착에 성공한 것으로 파악했다.
(다) 이에 환경청은 하늘다람쥐를 보호하기 위해 도심 속에 인공둥지를 조성하였다.
(라) 멸종위기종인 하늘다람쥐는 도시 개발로 인해 서식지가 줄어들어 보호가 필요하다.

① (가)-(나)-(라)-(다)　② (가)-(라)-(다)-(나)
③ (라)-(나)-(다)-(가)　④ (라)-(다)-(나)-(가)

유형 06

빈칸에 들어갈 알맞은 내용 고르기 ❶ (16~18번)

〈기출문제 - TOPIK Ⅱ 60회〉

16 다음을 읽고 (　　　　　　)에 들어갈 내용으로 가장 알맞은 것을 고르십시오.

원래 악수는 상대를 안심시키기 위한 행동이었다. 중세 시대의 기사들은 칼과 같은 무기를 가지고 다니다가 적과 싸울 때 꺼내 들었다. 하지만 (　　　　　　　　) 때에는 악수를 하면서 손에 무기가 없음을 보여 주었다. 이렇게 안전을 확인시켜 주기 위한 행동이 오늘날에는 반가움과 존중을 표시하는 인사법이 되었다.

① 싸울 생각이 없을　　　② 상대의 도움을 받았을
③ 자신의 잘못을 사과할　　　④ 무기를 새로 구해야 할

정답 및 해설

〔정답〕 ①
〔해설〕 앞의 문장은 싸우기 위해서 칼을 꺼내 들었다는 내용이다. 뒤의 문장은 '하지만' 접속부사가 왔기 때문에 앞의 내용과 반대되는 내용이 와야 알맞다. 따라서 ①이 정답이다.

시험 TIP

- 빈칸이 있는 문장의 앞뒤 문장을 중심으로 살펴보세요.
- 빈칸이 있는 문장이 처음이나 끝에 있을 경우 글의 중심내용일 가능성이 높아요.

[1~3] 다음을 읽고 (　　　　　)에 들어갈 내용으로 가장 알맞은 것을 고르십시오.

1

계속된 폭염으로 인하여 냉방기 사용이 급증하고 있다. 이때, 장시간 에어컨을 사용할 경우 (　　　　　　　　) 건강관리에 유의해야 한다. 냉방병은 뚜렷한 의학적 정의가 없는 일종의 증후군이다. 냉방병의 증상으로는 감기 몸살, 두통 및 신경통, 무기력함, 소화불량 등이 있다. 이렇게 냉방병 증상이 있을 때엔 몸을 따뜻하게 하고 충분히 휴식을 취하는 것이 좋다.

① 냉방병이 생길 수 있어　　② 시원함을 느낄 수 있어
③ 냉방병을 불러일으키는　　④ 에어컨을 자주 사용하며

2

완전식품이라 불리는 달걀은 영양도 좋고 조리법도 간단해서 식탁 위에서 인기가 많다. 이렇게 (　　　　　　) 달걀을 신선하게 보관하는 방법이 따로 존재한다. 달걀에는 숨구멍이라는 게 있어 이 숨구멍이 제 역할을 할 수 있도록 해야 신선도를 유지할 수 있다. 숨구멍은 달걀의 둥근 면에 있으며, 달걀의 둥근 면이 위로 향하게 해야 달걀을 신선하게 보관할 수 있다.

① 요리하기 어려운　　② 영양소를 파괴하는
③ 식탁에 오르지 못하는　　④ 식탁 위를 책임지는

3

최근 면접을 위해 성형외과를 찾는 사람들이 늘고 있다. 실제로 첫인상을 채용평가에 반영하고 있다는 의견이 97.5%인 만큼 면접에서 좋은 인상을 남기는 것은 매우 중요하다. 그러나 면접관이 요구하는 좋은 인상은 (　　　　　　), 단정한 용모와 자신감 있는 태도를 말한다.

① 누구보다 잘생기고　　② 겉으로 보기에 아름답고
③ 외모의 아름다움이 아니라　　④ 최대한 아름다워야 하며

유형 07

빈칸에 알맞은 문장부사 고르기 + 글의 내용과 같은 것 고르기 (19~20번)

〈기출문제 - TOPIK Ⅱ 60회〉

[19~20] 다음 글을 읽고 물음에 답하십시오.

시각 장애인의 안내견은 주인과 있을 때 행인에게 관심을 두지 않는다. (   ) 안내견이 주인을 남겨 두고 행인에게 다가간다면 이는 주인이 위험에 처해 있다는 뜻이다. 안내견은 주인에게 문제가 발생하면 곧장 주변 사람에게 달려가 도움을 요청하도록 훈련을 받기 때문이다. 안내견이 행인의 주위를 맴돌면 안내견을 따라가 주인의 상태를 확인하고 구조센터에 연락해야 한다.

19 (   )에 들어갈 알맞은 것을 고르십시오.

① 비록　　② 물론　　③ 만약　　④ 과연

20 이 글의 내용과 같은 것을 고르십시오.

① 안내견이 주인 곁을 떠나는 경우는 없다.
② 안내견은 문제가 생기면 구조 센터로 달려간다.
③ 안내견이 다가오는 것은 위급한 상황이 생겼다는 뜻이다.
④ 안내견은 항상 주변의 사람에게 관심을 갖도록 훈련을 받는다.

정답 및 해설

〔19 정답〕③

〔19 해설〕앞 문장에서는 안내견이 행인에게 관심을 두지 않음을 언급했고, 다음 문장에서는 안내견이 행인에게 다가가는 것에 대해서 이야기하고 있다. 따라서 '만약'이 정답이다.

〔20 정답〕③

〔20 해설〕안내견은 주인에게 문제가 생기면 주변 사람에게 달려가 도움을 요청하도록 훈련받기 때문에, 안내견이 다가오는 것은 위급한 상황이 생겼다는 뜻이다. 따라서 ③번이 정답이다.

시험 TIP

- 빈칸이 있는 문장의 앞뒤 문장을 중심으로 살펴보세요.
- 글을 전체적으로 훑어보고, 보기를 중심으로 오답을 제거하세요.

✔ 19번 문장부사

	문장부사		문장부사
1	특히	8	차라리
2	만약	9	역시
3	반면	10	반드시
4	또한	11	아마
5	오히려	12	하필
6	과연	13	드디어
7	물론	14	어쩌면

연습문제

[1~2] 다음 글을 읽고 물음에 답하십시오.

'사막'이라고 하면 대부분 끝없이 펼쳐진 모래와 덥고 건조한 기후를 떠올릴 것이다. (　　　) 실제로는 삭막한 모래 말고도 다양한 모습이 존재하는 것이 사막이다. 고비 사막은 겨울이 되면 눈보라가 휘몰아치고, 칼라하리 사막은 가끔씩 폭우가 쏟아지기도 한다. 또한 사하라 사막은 크고 작은 바위 산맥이 펼쳐져 있으며, 툰드라 사막은 얼음으로 뒤덮여 있다.

1 (　　　)에 들어갈 알맞은 것을 고르십시오.

① 또한　② 과연　③ 그러나　④ 그러므로

2 이 글의 내용과 같은 것을 고르십시오.

① 사막은 모두 덥고 건조하다.
② 사막은 모래로만 이루어져 있다.
③ 고비 사막은 겨울에 눈이 내린다.
④ 칼라하리 사막은 자주 비가 내린다.

[3~4] 다음 글을 읽고 물음에 답하십시오.

과거 992년간 신라의 수도였던 경상북도 경주는 '1,000년의 수도'라 불리며 역사적 가치를 고스란히 간직하고 있다. (   ) 불국사, 첨성대, 석굴암 등 수많은 문화재를 보유하고 있어, 경주라는 지역 자체가 문화유산이라고 해도 과언이 아니다. 이러한 이유로 경주는 수학여행, 가족여행 등 체험학습의 장으로 각광받고 있다.

3 (   )에 들어갈 알맞은 것을 고르십시오.

① 특히　② 과연　③ 만약　④ 반드시

4 이 글의 내용과 같은 것을 고르십시오.

① 경주는 많은 관광객들이 찾아오는 여행지이다.

② 경주는 도시 전체가 세계문화유산으로 지정되었다.

③ 경주는 1,000년이 넘는 시간 동안 신라의 수도였다.

④ 경주는 사람들의 잦은 여행으로 인해 역사적 가치가 훼손되었다.

유형 08

빈칸에 알맞은 관용어, 속담 고르기 + 글의 중심생각 고르기 (21~22번)

〈기출문제 – TOPIK Ⅱ 60회〉

[21~22] 다음 글을 읽고 물음에 답하십시오.

문자 교육은 빠를수록 좋다고 믿는 부모들이 있다. 이들은 자신의 아이가 또래보다 글자를 더 빨리 깨치기를 바라며 문자 교육에 (   ). 그런데 나이가 어린 아이들은 아직 다양한 능력들이 완전히 발달하지 못해 온몸의 감각을 동원하여 정보를 얻는다. 이 시기에 글자를 읽는 것에 집중하다 보면 다른 감각을 사용할 기회가 줄어 능력이 고르게 발달하는 데 어려움이 있을 수 있다.

21 (   )에 들어갈 알맞은 것을 고르십시오.

① 손을 뗀다　　② 이를 간다　　③ 담을 쌓는다　　④ 열을 올린다

22 이 글의 중심 생각을 고르십시오.

① 문자 교육을 하는 방법이 다양해져야 한다.
② 아이의 감각을 기르는 데 문자 교육이 필요하다.
③ 이른 문자 교육이 아이의 발달을 방해할 수 있다.
④ 아이들은 서로 비슷한 시기에 글자를 배우는 것이 좋다.

정답 및 해설

〔21 정답〕④
〔21 해설〕'아이들의 빠른 문자 교육'에 관한 내용이 반복되고 있으므로, '무엇에 열중하거나 열성을 보이다'라는 뜻인 '열을 올린다'가 정답이다.

〔22 정답〕③
〔22 해설〕아이들에게 이른 문자 교육은 다른 감각이 고르게 발달하는 데 어려움을 준다. 따라서 ③번이 정답이다.

시험 TIP

- 21번 관용어와 속담은 실제 사용되는 상황을 중심으로 공부하세요.
- 22번 주제문의 경우 글의 마지막 부분에 위치하는 경우가 많아요.

✔ 21번 관용어 및 속담

관용어				속담	
1	귀가 솔깃하다	11	바가지를 긁다	21	그림의 떡
2	귀를 기울이다	12	발이 넓다	22	꿩 대신 닭
3	낯이 뜨겁다	13	얼굴이 두껍다	23	산 넘어 산
4	눈을 붙이다	14	한술 뜨다	24	티끌 모아 태산
5	눈 밖에 나다	15	바람을 일으키다	25	누워서 떡 먹기
6	눈코 뜰 새 없다	16	골치가 아프다	26	가는 날이 장날
7	눈 감아 주다	17	머리를 맞대다	27	등잔 밑이 어둡다
8	담을 쌓다	18	머리를 식히다	28	백지장도 맞들면 낫다
9	손에 땀을 쥐게 하다	19	속을 태우다	29	소 잃고 외양간 고친다
10	허리띠를 졸라매다	20	시치미를 떼다	30	배보다 배꼽이 더 크다

연습문제

[1~2] 다음 글을 읽고 물음에 답하십시오.

최근 들어 음식 배달료가 치솟고 있다. 지난해 급격한 최저임금 인상으로 소폭 올랐던 배달료가 올해 또다시 늘어난 인건비로 올라가고 있는 것이다. 일부 식당의 경우 음식값의 70%에 달하는 배달료를 측정해 (   ) 상황이 나타나고 있다. 여기에 1인분이나 2만 원 이하 주문 배달은 거절하는 곳이 많아지고 있다. 또한 주문이 몰리거나 야간 시간대, 비가 올 때에는 추가 배달료를 요구하고 있어 소비자들의 불만이 증가하고 있다.

1 (   )에 들어갈 알맞은 것을 고르십시오.

① 그림의 떡 ② 티끌 모아 태산 ③ 누워서 떡 먹는 ④ 배보다 배꼽이 큰

2 이 글의 중심 생각을 고르십시오.

① 최저임금 인상률을 높여야 한다.
② 높은 배달료로 소비자의 불만이 커지고 있다.
③ 음식점들은 배달 방식을 다양하게 하고 있다.
④ 최근에는 배달 음식을 먹지 않는 소비자가 증가하고 있다.

[3~4] 다음 글을 읽고 물음에 답하십시오.

> 공포영화의 계절인 여름이 다가왔다. 공포영화의 실감 나는 연출과 긴장감 있는 전개는 보는 사람의 (   ). 최근 한 온라인 미디어에서 공포영화가 칼로리 소모에 효과적이라고 보도했다. 연구진들이 실험 참가자들에게 공포영화를 보여주고 신체의 변화를 파악한 결과, 공포영화 한 편을 보는데 평균 113칼로리가 소모된다는 사실이 밝혀졌다. 이는 30분 동안 걷기 운동을 한 것과 같은 수준이다. 신체가 긴장하면 아드레날린이 분비되고 혈압과 맥박이 상승하는데, 이는 식욕까지 감퇴시켜 다이어트에 도움이 된다는 것이다.

3 (   )에 들어갈 알맞은 것을 고르십시오.

① 골치가 아프다
② 머리를 식힌다
③ 허리띠를 졸라맨다
④ 손에 땀을 쥐게 한다

4 이 글의 중심 생각을 고르십시오.

① 공포영화가 흥행하는 계절은 여름이다.
② 공포영화를 보는 것은 체중 감량에 도움을 준다.
③ 공포영화를 보는 것과 걷는 것은 같은 효과를 낸다.
④ 운동을 하는 것보다 공포영화를 보는 것이 다이어트에 효과적이다.

유형 09

'나'의 심정 고르기 + 글의 내용과 같은 것 고르기 (23~24번)

〈기출문제 - TOPIK Ⅱ 60회〉

[23~24] 다음 글을 읽고 물음에 답하십시오.

고향에 사는 아버지가 오랜만에 우리 집에 오셨다. 나는 남편과 함께 아버지와 이런저런 이야기를 나누며 거실에 앉아 있었다. 그때 갑자기 남편이 아버지를 모시고 영화관에 가자고 했다. 그 말에 나는 "영화관은 무슨? 아버지는 어둡고 갑갑해서 영화관 가는 거 안 좋아하셔." 하고 내뱉었다. 그래도 아버지에게 슬쩍 "영화 보러 가실래요?" 하고 물었는데 손사래를 치실 것 같던 아버지는 그저 가만히 계셨다. 그 순간 나는 아버지의 마음을 읽을 수 있었다. 나는 왜 아버지가 영화관에 가는 것을 안 좋아하실 거라고 생각했을까. 지금껏 내 기준에서 판단한 일들이 얼마나 많을까 생각하니 마음이 무거워졌다. 영화관에 갈 준비를 하며 옷도 살피고 모자도 쓰고 벗기를 반복하시는 아버지의 얼굴에는 미소가 가득했다. 그런 아버지를 보며 나는 앞으로 아버지가 무엇을 좋아하시는지 관심을 가지기로 했다.

23 밑줄 친 부분에 나타난 나의 심정으로 알맞은 것을 고르십시오.

① 부담스럽다 ② 불만스럽다 ③ 짜증스럽다 ④ 죄송스럽다

24 이 글의 내용과 같은 것을 고르십시오.

① 나는 아버지와 자주 영화를 보러 다녔다.

② 아버지는 내 질문에 아무 말도 하지 않았다.

③ 아버지는 영화를 보러 가기 위해 우리 집에 왔다.

④ 나는 아버지가 외출 준비하는 모습이 마음에 들지 않았다.

정답 및 해설

〔23 정답〕④

〔23 해설〕아버지는 당연히 영화관 같은 곳을 싫어하실 거라고 생각하여 아버지와 같이 영화관에 가자고 하는 남편에게 아버지는 영화관을 안 좋아하신다고 말한 것에 죄송스러움을 느꼈다.

〔24 정답〕②

〔24 해설〕영화 보러 가자는 질문에 아버지는 그저 가만히 계셨다. 따라서 ②번이 정답이다

시험 TIP

- 23번 문제는 감정 어휘를 중심으로 공부하되, 감정 어휘는 긍정, 부정, 비슷한 어휘 등 그 성격에 따라 정리하면 좋아요.
- 24번 문제의 경우 보기를 먼저 읽고, 텍스트에서 해당 부분을 찾아 비교해보세요.

✔ 23번 감정어휘

감정어휘			
1	감동을 받다	11	불만스럽다
2	고민스럽다	12	불안하다
3	곤란하다	13	섭섭하다
4	그립다	14	속상하다
5	기쁘다	15	실망스럽다
6	긴장이 되다	16	안타깝다
7	답답하다	17	억울하다
8	당황하다	18	자랑스럽다
9	두렵다	19	짜증스럽다
10	부럽다	20	후련하다

연습문제

[1~2] 다음 글을 읽고 물음에 답하십시오.

반짝이는 조명 밑에서 나는 조용히 무대 위에 올라갔다. 피아노를 향해 걸어가는데 이 순간을 위해 피아노만 있는 조그마한 방에서 울며 연습하던 날들이 지나쳐갔다. 내가 선택한 길이지만, 포기하고 싶었던 순간들도 많았었다. 이런저런 생각을 하며 걷다 보니 어느새 피아노 앞에 도착했다. 앞의 심사위원들에게 인사를 하고 피아노에 앉았다. 숨소리조차 크게 들리는 공간에서 나는 크게 숨을 한번 쉬고 피아노 위에 손을 올렸다. 연주를 시작하자 지금까지의 생각들은 모두 잊어버리고 물 만난 물고기처럼 내 손은 자유롭게 건반 위를 걸어 다녔다. 그렇게 마지막 건반을 누르고 손을 떼는 순간 나도 모르게 눈물이 났다. 눈물이 가득 차 눈앞이 흐릿하게 보였다. 심사위원들에게 인사를 하고 무대 위를 내려가는데, 나와 같이 울고 계시는 어머니가 보였다. 어머니의 모습을 보자 나도 모르게 달려가서 와락 끌어안았다.

1 밑줄 부분에 나타난 나의 심정으로 알맞은 것 고르십시오.

① 당황스럽다
② 불만스럽다
③ 안심이 되다
④ 긴장이 되다

2 이 글의 내용과 같은 것을 고르십시오.

① 나는 피아노 연습을 게을리했다.
② 생각보다 못한 연주에 어머니는 우셨다.
③ 나는 피아노를 포기하고 싶었던 적이 없다.
④ 나는 연습했던 만큼 실력을 발휘해 연주를 하였다.

[3~4] 다음 글을 읽고 물음에 답하십시오.

오늘은 회사에서 진행하던 중요한 사업을 가까스로 마무리 짓고 얻은 황금 같은 휴일이었다. 그러나 무더위가 찾아오는 8월이라는 것을 알리듯 우렁차게 우는 매미 탓에, 늦잠을 자려던 나의 계획은 무너지고 말았다. 짜증스러운 표정을 지으며 매미 소리를 조금이라도 줄여보고자 창문을 닫으려 베란다로 향했다. 창문으로 다가간 내 눈에 들어온 것은 더위는 아랑곳하지 않은 채 뛰어다니는 아이들이었다. 문득 내가 태어날 때부터 중학교에 입학하기 전까지 살았던 고향이 떠올랐다. 나는 아주 작고 외진 시골마을에서 어린 시절을 보냈다. 기억 속의 그곳은 천진난만한 웃음소리로 가득 차 있었다. 친구들과 개울가에서 물장난을 치고, 잠자리를 잡아보겠다며 폴짝폴짝 뛰던 그 모습이 눈에 선연했다. 지금은 도시에서 직장을 다니느라 회색 빌딩의 숲에서 바쁘게 살아가고 있지만, 이렇게 가끔씩 자연 속에서 걱정 없이 뛰어다니던 그때가 떠오르곤 했다. 나의 어린 시절의 모든 것이었던 그 작은 마을은 지금쯤 어떻게 변했을까. 왠지 기억 속의 모습 그대로 남아있었으면 좋겠다는 생각이 들었다.

3 밑줄 부분에 나타난 나의 심정으로 알맞은 것 고르십시오.

① 그립다
② 답답하다
③ 후련하다
④ 짜증스럽다

4 이 글의 내용과 같은 것을 고르십시오.

① 나는 고향에 종종 찾아가 휴일을 보내곤 했다.
② 나는 고향에 대한 생각을 하며 늦게까지 잠을 잤다.
③ 나는 고향에서 직장을 다니다가 도시의 큰 회사로 이직했다.
④ 밖에서 뛰어노는 아이들은 나에게 고향 생각을 불러일으켰다.

유형 10

신문 기사 제목 설명하기 (25~27번)

〈기출문제 - TOPIKⅡ 60회〉

27 다음 신문 기사의 제목을 가장 잘 설명한 것을 고르십시오.

제2공장 정상 가동, 반도체 공급 안정은 미지수

① 제2공장이 정상적으로 가동됨에 따라 반도체 공급이 안정되었다.
② 제2공장이 반도체 생산을 시작했지만 공급이 안정될지는 불확실하다.
③ 반도체가 안정적으로 공급되기 위해서는 제2공장의 가동이 필수적이다.
④ 반도체 공급이 안정적으로 이루어지면서 제2공장도 정상 가동될 수 있다.

정답 및 해설

〔정답〕 ②

〔해설〕 제2공장 정상 가동은 제2공장이 반도체 생산을 시작했다는 내용이고, 반도체 공급 안정 미지수는 공급이 안정될지는 불확실하다는 내용이다. 따라서 ②번이 정답이다.

시험 TIP

- 날씨, 건강, 경제, 사회, 문화, 생활, 정치, 스포츠 등 다양한 분야의 신문 기사가 골고루 출제되고 있어요.
- 의성어, 의태어, 관용어 등이 많이 등장하기 때문에 외워두는 것이 좋아요.

[1~3] 다음은 신문 기사의 제목입니다. 가장 잘 설명한 것을 고르십시오.

1

태풍 소멸했지만, 남부 비·바람 피해 속출

① 남부 지역은 태풍이 지나가 비와 바람으로 인한 피해가 없다.
② 태풍이 사라졌지만 남부 지역에 비와 바람으로 인한 피해가 많다.
③ 태풍이 계속 남아있어 남부지역에 비와 바람으로 인한 피해가 많다.
④ 태풍이 사라졌지만 남부 지역을 제외한 다른 지역이 비와 바람으로 인한 피해가 많다.

2

취업률 제자리걸음. 정부 대책 효과 없어

① 정부가 대책을 세웠으나 취업률은 오르지 않았다.
② 정부가 세운 대책이 취업률 상승에 큰 영향을 주었다.
③ 정부가 세운 대책으로 인해 오히려 취업률이 하락했다.
④ 취업률 상승을 위한 정부의 대책이 큰 효과를 거두고 있다.

3

스마트폰이 점령한 사회, 종이책이 몰락하다.

① 스마트폰은 종이책의 기능까지 모두 포함하고 있다.
② 스마트폰 사용으로 인해 종이책을 읽는 사람이 줄었다.
③ 스마트폰의 사용량 증가로, 종이책의 판매율이 증가하였다.
④ 종이책의 소비가 줄면 스마트폰의 사용량이 증가할 것이다.

유형 11 빈칸에 들어갈 알맞은 내용 고르기 ❷ (28~31번)

〈기출문제 - TOPIK Ⅱ 60회〉

30 다음을 읽고 (   )에 들어갈 내용으로 가장 알맞은 것을 고르십시오.

> 깨어져도 파편이 튀지 않는 안전유리는 한 과학자가 실험실 선반에서 떨어진 유리병에 주목하면서 발명되었다. 산산조각 난 다른 유리병과 달리 금이 간 채 형태를 유지하고 있는 유리병이 있었다. 이 병은 안에 담긴 용액이 마르면서 유리 표면에 생긴 막이 유리 조각을 붙잡고 있었다. 이 점에 착안하여 (   ) 안전유리를 제작하게 되었다.

① 파편 조각을 붙인
② 유리에 막을 입힌
③ 유리를 여러 장 겹친
④ 깨지지 않는 재료를 사용한

정답 및 해설

〔정답〕 ②
〔해설〕 앞의 문장이 용액이 마르면서 유리 표면에 생긴 막이 유리 조각을 붙잡고 있었다는 내용이므로, '유리에 막을 입힌'이 정답이다.

시험 TIP

- 빈칸의 앞뒤 문장에 단서가 있는 경우가 많아요.
- 문장 주변의 접속부사, 지시형용사 등을 통해 빈칸의 내용을 유추할 수 있어요.

[1~3] 다음을 읽고 ( )에 들어갈 내용으로 가장 알맞은 것을 고르십시오.

1

무의식적으로 한쪽 치아만 사용하여 음식을 씹는 사람들이 많다. 치아 건강을 위해 양치질만큼 중요한 것이 음식을 씹는 습관이다. 음식을 먹을 때 (   ) 소화가 잘되고 치아 상태가 나빠지지 않는다. 한쪽으로 씹는 습관은 치아에 스트레스를 준다. 오랜 기간 동안 한쪽 치아만 사용하는 습관을 가지고 있다면 치아가 버티지 못하고 금이 가거나 심한 경우에는 깨질 위험이 높아진다. 특히 충치가 없는데도 음식을 씹을 때 통증을 느낀다면 치아가 부분적으로 금이 가거나 깨진 상태인 치아파절을 의심해 볼 수 있다.

① 음식을 골고루 먹어야 ② 부드러운 음식을 먹어야
③ 양쪽 치아를 모두 사용해야 ④ 한쪽으로 씹는 습관을 들여야

2

최근 도심에 이색 동물 카페의 바람이 불고 있다. 이색 동물 카페는 라쿤, 뱀, 앵무새 등 일상에서 접하기 어려운 동물을 직접 보거나 만질 수 있고, 음료도 즐길 수 있어 젊은 층을 중심으로 인기를 끌고 있다. 그러나 (   ) 위생과 동물 복지 등 법의 사각지대에 놓여 있다. 특히 카페의 동물들이 사람들의 무분별한 접촉에 노출되어도 규제할 방법이 없어 논란이 일고 있다.

① 철저하게 관리되고 있어 ② 관리 규정의 도입으로 인해
③ 이에 맞는 관리 규정이 없어 ④ 이색 동물을 위한 법이 개정되고 있어

3

주의력결핍 과잉행동장애(ADHD)환자 10명 중 6명이 10대인 것으로 나타났다. ADHD는 주의산만, 과잉행동, 충동성을 주 증상으로 보이는 정신질환이다. ADHD의 원인은 환경적 요인보다 뇌의 신경생물학적, 유전적 요인이 더 큰 영향을 미치는 것으로 나타났다. 그런데 아직 예방법이 알려지지 않아 ADHD가 의심되는 경우에는 빨리 전문가에게 상담하는 것이 중요하다. (   ) 그동안 아이는 자존감이 저하되고 반항심이 많아지는 등 상태가 더 악화될 수 있기 때문에 부모의 많은 관심이 필요하다.

① 아이를 의심하는 만큼 ② 환경적 요인이 많은 만큼
③ 부모의 관심이 늘어나는 만큼 ④ 진단과 치료가 늦어지는 만큼

유형 12 글을 읽고 같은 내용 고르기 (32~34번)

〈기출문제 – TOPIK Ⅱ 60회〉

32 다음을 읽고 내용이 같은 것을 고르십시오.

> 하루살이는 하루밖에 못 살 정도로 수명이 짧다고 해서 붙은 이름이다. 그러나 하루살이 애벌레는 성충이 되기 위해 약 1년을 물속에 살고 성충이 되어서는 1~2주 정도 산다. 하루살이 애벌레는 물속에 가라앉은 나뭇잎 등을 먹고 살지만 성충이 되면 입이 퇴화한다. 이런 까닭에 성충은 애벌레 때 몸속에 저장해 둔 영양분을 소모할 뿐 따로 먹이를 섭취하지 못한다.

① 하루살이의 수명은 하루를 넘지 않는다.
② 하루살이는 성충이 되는 데에 1~2주 정도 걸린다.
③ 하루살이 성충은 애벌레 때 저장한 영양분으로 산다.
④ 하루살이의 입은 성충이 되면서 기능이 더욱 발달한다.

정답 및 해설

〔정답〕 ③
〔해설〕 하루살이는 성충이 되면 입이 퇴화하여, 애벌레 때 몸속에 저장해 둔 영양분을 소모할 뿐 먹이를 섭취하지 못하므로, 따라서 정답은 ③번이다.

시험 TIP

- 텍스트의 전체적인 내용 파악이 중요해요.
- 내용 파악 후, 보기와 텍스트의 내용을 꼼꼼히 비교해보세요.

[1~4] 다음을 읽고 내용이 같은 것을 고르십시오.

1

> 열대야는 한여름의 밤에 최저기온이 25℃ 이상인 무더위로 잠들기 어려운 밤을 말한다. 한국에서 열대야가 발생하는 경우는 북태평양고기압이 강하게 확장할 때다. 고온다습한 고기압은 한낮에는 찜통더위를 가져온다. 이러한 열대야에는 심하게 피로하기도 하고, 집중력도 떨어지며, 두통이 일어날 수 있는 등 다양한 증상이 나타날 수 있다. 열대야는 농촌보다 도시 지역에서 많이 나타나는데 그 이유는 사람, 건물, 공장 등에서 인공열이 발생하고 포장된 도로가 쉽게 가열되어 건조해지기 때문이다.

① 열대야에는 날이 더워 심하게 피로감을 느낄 수 있다.
② 열대야는 여름에 낮과 밤의 기온차이가 25℃ 이상인 경우를 말한다.
③ 열대야는 건물, 공장이 많은 농촌에서 인공열이 발생하여 많이 나타난다.
④ 한국에서는 열대야가 기온이 낮고 건조한 북태평양고기압이 확장될 때 생긴다.

2

> 최근 인공지능 스피커가 독거노인의 외로움을 달래주는 친구로 등장하고 있다. 연구 결과, 노인들은 인공지능 스피커를 의인화해서 생각하는 경향이 많기 때문에 더욱 친근감을 느끼고 친구처럼 소통한다는 것이다. 또한 인공지능 스피커는 독거노인과 대화만 하는 것이 아니라, 위급상황을 알리는 역할도 수행한다. 독거노인이 집안에서 음성으로 '도와줘'라고 외치는 것만으로도, 119에 신고가 접수되는 것이다. 이처럼 인공지능 스피커는 현대 사회에 독거노인 문제를 해결할 수 있는 새로운 방향으로 제시되고 있다.

① 인공지능 스피커는 혼자 사는 노인들의 외로움을 심화시킨다.
② 인공지능 스피커의 개발로 인해 혼자 사는 노인이 늘어나고 있다.
③ 노인들은 인공지능 스피커를 사람처럼 생각하여 더욱 친근하게 소통한다.
④ 인공지능 스피커에 도움을 요청하면 즉시 가족에게 연락을 취할 수 있다.

3

모차르트는 1756년 오스트리아의 잘츠부르크에서 태어났다. 그의 아버지는 모차르트의 뛰어난 음악적 재능을 발견하고 그를 훌륭한 음악가로 키우기 위해 6세 때부터 독일 각지로 데리고 다니며 연주회를 가졌다. 그 후 서유럽 여행을 통해 슈베르트와 바흐를 알게 되어 작곡가로서의 활동에 커다란 자극과 영향을 받았다. 모차르트는 35세의 짧은 생애 동안 오페라와 40곡이 넘는 교향곡, 60여 곡의 4중주곡, 그 밖에 피아노 협주곡과 피아노 소나타 등 수많은 작품을 작곡하였다. 모차르트의 음악은 형식과 내용이 완전한 균형을 이루었으며, 명랑하면서도 감미롭고 우아함을 지닌 것으로 극찬을 받았다.

① 모차르트의 아버지는 그의 재능을 알면서도 방치해두었다.
② 모차르트는 그의 생애가 짧았던 만큼 작곡 활동도 드물었다.
③ 슈베르트와 바흐는 모차르트의 음악에 큰 영향을 준 음악가였다.
④ 모차르트의 음악은 비형식적인 음률과 우아함에 치중한 것이 매력이다.

4

UN이 발표한 '2019년 세계 식량안보와 영양상태' 보고서에 따르면 소아 · 청소년의 과체중 비율은 계속 증가하여 현재 18.4%로 모두 3억 3,800만 명으로 집계됐다. 소아 · 청소년 과체중의 주된 원인은 고지방식, 고칼로리식 등 잘못된 식습관이다. 어린 시절 과체중을 잘못 관리하면 비만으로 이어지고, 성인이 되어서도 각종 만성 질환에 노출될 수 있다. 또한 낮은 자존감, 우울감, 사회적 고립 등의 심리적 문제도 겪을 수 있다. 특히, 소아 시기의 비만은 지방 세포 수를 증가시키기 때문에 살을 빼도 성인이 된 후 다시 쉽게 살이 찌는 체질이 될 가능성이 크다.

① 우울증과 같은 심리적 원인은 지방 세포의 수를 증가시킨다.
② 소아 시절의 과체중은 관리를 함에도 불구하고 비만으로 이어진다.
③ 소아 · 청소년의 과체중은 지방과 칼로리에 치우친 식습관이 원인이다.
④ UN은 앞으로도 소아 · 청소년의 비율이 계속 증가할 것이라 보고했다.

유형 13

주제 고르기 (35~38번)

〈기출문제 - TOPIK Ⅱ 60회〉

38 다음 글의 주제로 가장 알맞은 것을 고르십시오.

> 분자 요리는 과학을 응용해 기존 식재료가 갖는 물리적인 제약에서 벗어나 새로운 형태와 식감의 음식을 만드는 요리법이다. 노란 망고 주스와 하얀 우유로 계란 모양의 요리를 만드는 것이 한 예다. 분자 요리는 식재료 고유의 맛과 향은 유지한 채 기존에는 볼 수 없었던 요리를 선보일 수 있다는 점에서 새로운 요리 문화를 이끌 것으로 기대하고 있다. 독특한 음식에 대한 설렘과 즐거움을 제공한다는 점도 이러한 기대감을 키운다.

① 분자 요리가 과학의 연구 영역을 더 넓히고 있다.
② 독특한 음식에 대한 소비자들의 요구가 늘고 있다.
③ 식재료가 갖는 제약 탓에 요리법 개발이 정체되고 있다.
④ 새로운 요리 문화를 이끌 요리법으로 분자 요리가 주목받고 있다.

정답 및 해설

〔정답〕 ④

〔해설〕 '분자요리는 기존에는 볼 수 없었던 요리를 선보일 수 있다', '새로운 요리 문화를 이끌 것으로 기대하고 있다', '독특한 음식에 대한 설렘과 즐거움을 제공한다는 점도 이러한 기대감을 키운다' 등에서 알 수 있듯이 글쓴이는 새로운 요리 문화를 이끌 요리법으로 분자 요리가 주목을 받고 있음을 이야기하고 있다. 따라서 정답은 ④번이다.

시험 TIP

- 주로 텍스트의 처음이나 마지막 부분에 주제문이 등장하는 경우가 많아요.
- 정답에는 주제문에 사용된 단어와 비슷한 의미의 단어로 대체하여 사용하는 경우가 많아요.

연습문제

[1~4] 다음 글의 주제로 가장 알맞은 것을 고르십시오.

1

> 덥고 습한 날씨가 되면 균이 번식하기 쉽고 음식이 상하기 쉽다. 특히 여름철에는 이러한 문제로 식중독에 걸릴 확률이 높다. 식중독은 세균이나 바이러스, 기생충, 독소 등에 오염된 물이나 음식을 섭취하고 발생하는 설사, 구토, 복통, 발열 증상을 말한다. 식중독은 예방이 최선책인데, 식중독 예방 상식을 알고 있으면 건강한 여름을 지내는 데 도움이 될 것이다. 우선 음식물의 유통기한을 반드시 확인하는 것이 중요하다. 또한 냉동실은 2/3만 채우고 냉장실은 최소 5도 이하, 냉동실은 영하 15도 이하로 유지하는 것이 세균의 번식을 막는 데 효과적이다. 요리 시에는 손과 조리도구를 깨끗이 씻어 사용하고, 조리 후 행주나 도마는 삶거나 소독하는 것이 좋다.

① 여름철에는 식중독에 걸릴 확률이 높아 예방을 해야 한다.
② 음식을 보관할 때에는 냉장고의 적정한 온도를 유지해야 한다.
③ 식중독은 설사, 구토, 복통, 발열 등의 증상을 일으키는 병이다.
④ 요리할 때에는 위생이 가장 중요하므로 청결을 유지해야 한다.

2

> 누구나 우주인이 될 수 있는 우주 관광 시대가 열리고 있다. 우주여행은 미국의 억만장자가 2001년, 자비로 약 2,000만 달러를 내고 국제우주정거장을 방문하는 것으로 그 시작을 알렸다. 이후 세계의 부자들의 우주 관광이 이루어졌으며, 2019년 현재는 민간 우주 관광 프로그램이 기획되고 있다. NASA도 최대 30일간 민간인이 국제우주정거장에 머무를 수 있도록 상업적으로 개방하겠다는 뜻을 밝히며 우주 관광 시대에 동참할 것을 알렸다.

① 민간인도 우주여행이 가능한 시대가 왔다.
② 우주여행은 지금까지 억만장자의 전유물이었다.
③ NASA가 민간 우주 관광 프로그램을 주도하고 있다.
④ 국제우주정거장이 민간인을 대상으로 운영되고 있다.

3

출산하는 여성의 30~75%는 산후 우울감을 느끼는데, 우울감이 지속된다면 산후 우울증이 아닌지 고려할 필요가 있다. 산후 우울증은 우울한 기분, 과도한 걱정, 불면, 체중 변화 등의 증상으로 나타나는데, 출산하는 여성의 10-15% 정도에게 발병된다고 보고되고 있다. 이러한 산후 우울증을 방치할 경우 산모는 물론, 유아의 발달이나 가족관계에 심각한 영향을 미칠 수 있다. 산후 우울증의 치료에서 가장 중요한 것은 배우자의 역할인데, 배우자가 치료과정에 관심을 갖고 참여하는 것이 중요하다.

① 여성들은 출산을 한 직후 대다수가 우울한 기분을 느낀다.
② 여성이 출산하기 전에 받은 스트레스는 산후 우울증으로 이어진다.
③ 산후 우울감은 많은 여성들이 겪는 자연스러운 증상으로 대부분 호전된다.
④ 산후 우울증은 가족 관계에 영향을 미치기 때문에 배우자의 관심이 필요하다.

4

전국 생산량의 70%를 차지하는 전남 완도군 해조류가 전 세계에서 주목받고 있다. 최근 미역과 다시마 등 해조류가 미세먼지 배출에 도움이 되며, 필수 영양소뿐만 아니라 생리활성물질이 풍부하게 함유되어 있어 대장암 예방에도 효능이 있다고 알려졌기 때문이다. 이에 따라 완도군은 해조류 전문가 학술회를 개최하여 해조류의 효능과 가치를 재조명하는 시간을 가졌다. 또한 지속적으로 완도산 해조류의 효능에 대해 대대적으로 홍보하고 해조류의 가치를 활용해 해양바이오헬스산업으로 발전시켜나갈 수 있도록 계획하고 있다.

① 전 세계 70%에 해당하는 양의 해조류는 완도군에서 생산되고 있다.
② 완도군은 지역 홍보를 위해 해조류의 효능을 과장되게 선전하고 있다.
③ 해조류 전문가 학술회는 완도군의 지원 아래 매년 성공적으로 개최되고 있다.
④ 완도군에서 생산되는 해조류는 다양한 효능을 바탕으로 그 가치를 인정받고 있다.

유형 14

<보기> 글이 들어갈 알맞은 곳 고르기 (39~41번)

〈기출문제 - TOPIK Ⅱ 60회〉

41 다음 글에서 〈보기〉의 문장이 들어가기에 가장 알맞은 곳을 고르십시오.

최초의 동전은 값비싼 금과 은으로 제작되었다. (㉠) 이 동전의 가치가 매우 높았던 까닭에 주화를 조금씩 깎아 내서 이득을 보려는 사람들이 많았다. (㉡) 자연히 시장에서는 성한 금화나 은화를 찾아볼 수 없었고 주화를 발행하는 국가도 손실이 컸다. (㉢) 그래서 그 대안으로 주화들의 테두리에 톱니 모양을 새겨 훼손 여부가 잘 드러나도록 하였다. (㉣) 톱니 모양이 훼손된 주화는 육안으로 쉽게 구별할 수 있었고 그러한 돈은 사람들이 받지 않았기 때문이다.

〈보기〉
그 효과는 기대 이상으로 빠르게 나타났다.

① ㉠ ② ㉡ ③ ㉢ ④ ㉣

정답 및 해설

〔정답〕 ④

〔해설〕 〈보기〉에는 효과가 빠르게 나타났음에 대해서 말하고 있다. 주화의 훼손 여부가 잘 드러나도록 하여 사람들이 훼손된 주화는 받지 않았음을 설명하고 있음으로, ㉣의 위치가 가장 적합하다.

시험 TIP

- 〈보기〉의 문장은 지시대명사, 지시형용사, 접속부사로 시작되는 경우가 많아요. 〈보기〉의 문장이 무엇을 지칭하는지 살펴보세요.
- 텍스트의 전체적인 내용을 파악한 후, 〈보기〉의 문장이 들어가기 어색한 답지부터 제거하는 것이 좋아요.

[1~2] 다음 글에서 〈보기〉의 문장이 들어가기에 가장 알맞은 곳을 고르십시오.

1

(㉠) 『목민심서』는 정약용이 집필한 책으로 조선시대 순조 18년에 완성된 책이다. (㉡) 정약용은 강진에서 19년간의 유배 생활 거의 전부를 경전 연구에 몰두하였다. (㉢) 목민심서는 정약용이 학문적으로 가장 원숙해가던 때에 쓴 책으로, 백성들의 생활과 관련된 그의 많은 책들 중 대표적인 작품이라는 데에 그 의의가 있다. (㉣) 특히 조선 후기 지방의 사회 상태와 정치의 실제를 민생 문제와 지방에서 일하는 지방관들이 해야 할 일들을 연결시켜 상세하게 밝히고 있다.

〈 보 기 〉
그렇게 유배 생활을 하던 중 정약용이 57세가 되던 해인 1818년에 목민심서를 완성하였다.

① ㉠ ② ㉡ ③ ㉢ ④ ㉣

2

천지창조는 1508년 미켈란젤로가 교황 율리우스 2세의 명을 받아 시스티나 예배당 천장에 그린 벽화이다. (㉠) 뛰어난 조각가로 예술계에 이름을 떨쳤던 미켈란젤로는 그림을 그리라는 교황의 명령에 생애 첫 벽화를 그리게 된다. (㉡) 미켈란젤로는 4년에 걸친 작업 계획을 짜고 거기에 따라 일을 진행해갔다. (㉢) 이로 인해 허리와 목, 눈에 이상이 생기는 등의 직업병을 얻었지만, 그는 결국 4년 만에 후세에 길이 남을 작품을 완성시켰다. (㉣)

〈 보 기 〉
이는 천장 밑에 세운 높은 작업대에 앉아 고개를 뒤로 젖힌 채 천장에 붓질을 하는 고된 작업이었다.

① ㉠ ② ㉡ ③ ㉢ ④ ㉣

유형 15

인물의 심정/말투/태도 고르기 + 글을 읽고 같은 내용 고르기 (42~43번)

〈기출문제 - TOPIK Ⅱ 60회〉

[42~43] 다음을 읽고 물음에 답하십시오.

어머니와 아버지가 프랜차이즈 빵집을 연다고 했을 때, 주영은 언젠가는 두 사람이 자기를 가게로 부를 것임을 알았다. 그러나 여름에 있을 지방직 9급 시험일까지는 기다려 줄 줄 알았다. (중략)

실제로 벌어진 일은 그런 예상과는 전혀 달랐다. 부모님이 주영에게 빵집으로 나와 일하라는 말을 한 것은 가게 문을 정식으로 연 당일 오후였다. 어머니는 주영에게 전화를 걸어 이렇게 말했다.

네가 우리 가족 맞냐?

그러고는 바로 전화를 끊어 버렸다. (중략)

매장은 사람들로 북적였다. 개장 기념으로 식빵을 반값에 팔고, 어떤 제품을 사든지 아메리카노를 한 잔 무료로 제공하는 행사를 벌이는 중이었다. 프랜차이즈 본사에서 나온 지원 인력들이 손님을 맞고 질문에 답변하고 카드를 받고 계산을 했다. 아버지와 어머니는 하인들처럼 겁먹은 눈으로 예, 예, 굽실거리며 지원 인력들의 지시에 따랐다.

주영의 아버지와 어머니는 카드 결제조차 제대로 하지 못했다. 빵에는 바코드가 없었다. 제품이 어느 카테고리에 속하는지, 이름이 뭔지를 전부 외워야 단말기에 가격을 입력할 수 있었다. 아버지는 단말기 옆에서 빵을 봉투에 담으며 로프, 캉파뉴, 치아바타, 푸가스 같은 낯선 이름들을 외우려 애썼다.

42 밑줄 친 부분에 나타난 '어머니'의 심정으로 알맞은 것을 고르십시오.

① 억울하다 ② 서운하다 ③ 걱정스럽다 ④ 혼란스럽다

43 위 글의 내용과 같은 것을 고르십시오.

① 빵 가게는 개업식 날 손님이 많지 않았다.
② 주영은 시험을 마치자마자 부모님께 연락을 받았다.
③ 아버지는 여러 종류의 빵 이름을 모두 알고 있었다.
④ 부모님은 긴장한 채로 본사 직원이 시키는 일을 했다.

정답 및 해설

〔42 정답〕 ②

〔42 해설〕 이 글에서 부모님은 프랜차이즈 빵 가게를 여는데 결제조차 제대로 못 하시고 본사 직원이 시키는 일을 한다. 그렇기 때문에 딸인 주영의 도움을 받고 싶었는데, 딸이 먼저 오지 않아 전화를 하셨으므로 '서운함'을 느끼고 있다.

〔43 정답〕 ④

〔43 해설〕 부모님은 빵 이름도 제대로 못 외우시고, 카드 결제조차 제대로 하시지 못하는 채로 본사 직원이 시키는 일을 하셨으므로, 따라서 정답은 ④번이다.

시험 TIP

- 23, 24번 문제와 같은 유형이지만 문학작품의 일부분을 텍스트로 사용하여, 더 높은 난이도의 어휘와 문형을 사용하고 있어요.

✔ 42~43 감정 어휘

감정어휘					
1	간절하다	10	서운하다	19	의심이 들다
2	감격스럽다	11	설레다	20	조급하다
3	격려하다	12	쑥스럽다	21	초조하다
4	곤혹스럽다	13	안도하다	22	허무하다
5	기대에 들뜨다	14	안쓰럽다	23	허탈하다
6	난처하다	15	야속하다	24	혼란스럽다
7	못마땅하다	16	외롭다	25	홀가분하다
8	무안하다	17	원망스럽다	26	황당하다
9	민망하다	18	위로하다	27	흐뭇하다

연습문제

[1~2] 다음을 읽고 물음에 답하십시오.

일제 강점기 징용을 나가서 비행장을 닦는 노역을 하다 폭격을 당하여 한쪽 팔을 잃은 아버지 박만도는 6·25 전쟁에 끌려 나간 아들 진수가 살아 돌아온다는 소식에 어깻바람이 날 만큼 신이 난다. (중략)

읍내에 나올 때마다 꼭 한 번씩 들르던 단골집 주막도 마다하고, 잠시 장에 들러 아들에게 먹일 고등어 한 손을 산다. 기적 소리가 들리고 대합실 밖으로 사람들이 밀려 나오지만, 아들의 모습은 보이지 않는다. 그때 만도 뒤에서 "아부지!" 하고 부르는 아들의 목소리가 들린다. 그러나 그토록 꿈에 그리던 아들은 옛날과 같은 진수가 아니다. 양쪽 겨드랑이에는 지팡이를 기고 서 있는데다 스쳐가는 바람결에 한쪽 바짓가랑이가 펄럭거린다. 진수가 한쪽 다리를 잃은 것이다. (중략)

이번엔 지팡이를 짚고 앞서가는 아들 뒤에서 팔뚝이 하나밖에 없는 만도가 느릿느릿 따라간다. 수류탄 쪼가리에 맞은 다리가 썩어 들어가는 걸 군의관이 잘라 버렸다고 말하는 진수.

"이래 가지고 나 우째 살까 싶습니더."

"우째 살긴 뭘 우째 살아. 목숨만 붙어 있으면 다 사는 기다. 그런 소리 하지 마라."

"……."

"나 봐라, 팔뚝이 하나 없어도 잘만 안 사나. 남 봄에 좀 덜 좋아서 그렇지, 살기사 와 못 살아."

- 하근찬의 소설 <수난이대> 中 -

1 밑줄 친 부분에 나타난 '박만도'의 심정으로 알맞은 것을 고르십시오.

① 위로하다 ② 흐뭇하다 ③ 거만하다 ④ 쑥스럽다

2 위 글의 내용과 같은 것을 고르십시오.

① 만도는 읍내에 나가서 단골집 주막에 갔다.
② 만도는 아들이 돌아오는 것을 반기지 않았다.
③ 진수가 몸이 많이 다쳐서 전쟁에서 돌아왔다.
④ 만도는 한쪽 다리를, 진수는 한쪽 팔을 잃었다.

[3~4] 다음을 읽고 물음에 답하십시오.

"그리구 저, 우리 이번에 제사 지내구 나서 좀 있다 집을 내주게 됐다"

소년은 소녀네가 이사해 오기 전에 벌써 어른들의 이야기를 들어서 윤 초시 손자가 서울서 사업에 실패해가지고 고향에 돌아오지 않을 수 없게 됐다는 걸 알고 있었다. 그것이 이번에는 고향집마저 남의 손에 넘기게 된 모양이었다.

"왜 그런지 난 이사 가는 게 싫어졌다. 어른들이 하는 일이니 어쩔 수 없지만……"

전에 없이 소녀의 까만 눈에 쓸쓸한 빛이 떠돌았다. 소녀와 헤어져 돌아오는 길에 소년은 혼잣속으로 소녀가 이사를 간다는 말을 수없이 되뇌어보았다. 무어 그리 안타까울 것도 서러울 것도 없었다. 그렇건만 소년은 지금 자기가 씹고 있는 대추알의 단맛을 모르고 있었다.

이날 밤, 소년은 몰래 덕쇠 할아버지네 호두밭으로 갔다. 낮에 봐두었던 나무로 올라갔다. 그리고 봐두었던 가지를 향해 작대기를 내리쳤다. 호두송이 떨어지는 소리가 별나게 크게 들렸다. 가슴이 선뜻했다. 그러나 다음 순간, 굵은 호두야 많이 떨어져라, 많이 떨어져라, 저도 모를 힘에 이끌려 마구 작대기를 내려치는 것이었다.

돌아오는 길에는 열이틀 달이 지우는 그늘만 골라 짚었다. 그늘의 고마움을 처음 느꼈다. 불룩한 주머니를 어루만졌다. 호두송이를 맨손으로 깠다가는 옴이 오르기 쉽다는 말 같은 건 아무렇지도 않았다. 그저 근동에서 제일가는 이 덕쇠 할아버지네 호두를 어서 소녀에게 맛보여야 한다는 생각만이 앞섰다.

- 황순원의 소설 〈소나기〉 中 -

3 밑줄 친 부분에 나타난 '소년'의 심정으로 알맞은 것을 고르십시오.

① 못마땅하다 ② 감격스럽다 ③ 혼란스럽다 ④ 기대에 들뜨다

4 위 글의 내용과 같은 것을 고르십시오.

① 덕쇠 할아버지는 호두를 따는 소년을 눈감아주었다.
② 소녀는 소년을 떠나야 한다는 사실이 내키지 않았다.
③ 소년은 소녀가 떠난다는 소식에 화가 나 호두를 훔쳤다.
④ 소녀네는 사업에 성공하여 더 큰 도시로 이사하기로 했다.

유형 16

주제 고르기 + 빈칸에 들어갈 알맞은 내용 고르기 (44~45번)

〈기출문제 - TOPIK Ⅱ 60회〉

[44~45] 다음을 읽고 물음에 답하십시오.

원고 마감이 임박하거나 시험공부 시간이 부족하면 사람은 본능적으로 놀라운 집중력을 발휘한다. 그래서 시간 부족 상태가 되어야만 일을 효율적으로 할 수 있다고 믿는 사람들이 많다. 그러나 효율성만 믿고 (   )것은 어리석은 일이다. 시간에 쫓기면 사람들은 한 가지에만 집중할 뿐 그 외에 다른 것에는 주의를 기울이지 못하게 되기 때문이다. 이런 상황은 실제로 상당히 위험할 수 있다. 단적인 예로 소방관들은 구조 현장으로 이동하는 과정에서 안전벨트를 매지 않아 사고를 당하는 경우가 매우 많다. 일 초가 급한 상황에서 인명 구조에만 집중한 나머지 차 문을 닫거나 안전벨트를 채우는 기본적인 일을 잊어서 생긴 결과이다. 이처럼 시간적 여유가 부족해지면 집중했던 일을 성공적으로 처리할 수 있겠지만 나머지 많은 것들은 놓칠 수 있다.

44 위 글의 주제로 알맞은 것을 고르십시오.

① 인간의 집중력은 시간적인 제약이 많을수록 높아진다.
② 인간에게 시간 부족은 효율적인 일 처리의 원동력이 된다.
③ 단시간 내에 일을 처리해도 성공적으로 일을 마칠 수 있다.
④ 시간 부족은 인간의 시야를 좁혀 부정적인 영향을 미칠 수 있다.

45 (   )에 들어갈 내용으로 가장 알맞은 것을 고르십시오.

① 성급히 일을 처리하는
② 무턱대고 일을 미루는
③ 관심사를 무한히 늘리는
④ 전적으로 하나에만 매달리는

정답 및 해설

〔44 정답〕④

〔44 해설〕마지막 부분에 시간적 여유가 부족해지면 집중했던 일을 제외하고 나머지 많은 것들은 놓쳐 부정적인 영향을 미칠 수 있다는 글쓴이의 생각이 드러나 있다.

〔45 정답〕②

〔45 해설〕'시간 부족 상태가 되어야만 일을 효율적으로 할 수 있다고 믿는 사람들' 뒤에 '그러나'라는 뒤의 문장에 반대되는 내용이 와야 하는 접속부사가 왔으므로 '무턱대고 일을 미루는'이 정답이다.

시험 TIP

- 우선 지문의 화제가 무엇인지 파악하고, 전체적인 글의 흐름을 이해하세요.
- 45번 문제의 경우 빈칸의 앞뒤 문장의 단서를 살펴보세요.

[1~2] 다음을 읽고 물음에 답하십시오.

바쁜 현대인들에게 '레토르트 식품(retort food)'은 인기가 나날이 늘어 그 종류도 다양해지고 있다. 레토르트 식품은 조리·가공된 음식을 밀봉한 후 가열, 살균하여 공기와 빛을 차단한 밀봉 상태에서 장기간 보존할 수 있도록 만든 가공식품을 말한다. 그러나 많은 사람들이 레토르트 식품이 상온에서도 워낙 오랫동안 상하지 않고 보존되다 보니 많은 (　　　　　　　　)가 있다. 첫째, '오래 보존하기 위해 방부제나 보존료 등을 넣어 건강에 좋지 않다.'는 말이 있다. 하지만 이는 사실이 아니다. 레토르트 식품은 고온·고압에서 미생물을 멸균하고 산소가 없는 밀봉상태로 유지되므로 보존료가 전혀 필요 없다. 둘째, '플라스틱 필름으로 포장된 레토르트 식품을 전자레인지에 가열하면 인체에 유해한 화학성분이 나온다.'는 우려가 있다. 이 역시 레토르트 식품의 포장에는 전자레인지에 가열해도 환경호르몬이 용출되지 않는 전자레인지용 재질만이 사용되므로 안심해도 좋다.

1 위 글의 주제로 알맞은 것을 고르십시오.

① 레토르트 식품은 현대인들에게 인기가 많다.
② 레토르트 식품의 목적은 오랜 시간 보존하는 것이다.
③ 레토르트 식품은 빠른 시일 내에 먹어야 하는 음식이다.
④ 흔히 알고 있는 레토르트 식품에 대한 정보는 잘못 알려져 있다.

2 (　　　　)에 들어갈 내용으로 가장 알맞은 것을 고르십시오.

① 오해를 하고 있는 경우
② 유통기한을 넘기는 경우
③ 음식을 제대로 하지 못하는 경우
④ 건강을 제대로 챙기지 못하는 경우

[3~4] 다음을 읽고 물음에 답하십시오.

> 기대수명과 건강수명은 건강한 삶을 사는 데 있어 중요한 조건이다. 기대수명은 사람이 몇 세까지 살 수 있는지를 나타내는 나이이고, 건강수명은 기대수명에서 질병과 부상의 기간을 뺀 활동연령이다. 2017년 OECD 보건통계에 따르면 한국인의 기대수명은 82.7세로, OECD 평균보다 2년이나 길었다. 그럼에도 불구하고 본인이 건강하다고 생각하는 한국인의 비율은 OECD 국가 중 가장 낮은 것으로 조사되었다. 의료 기술의 발달로 오래 살기는 하지만, (　　　　　　　　)는 의미이다. 이는 건강수명에서 확인해볼 수 있다. 2017년 한국인의 건강수명은 65세로, 기대수명과 17년이나 차이가 난다. 즉 평균적으로 17년을 병상에서 산다는 것이다. 우리는 장수에만 가치를 둘 것이 아니라, 그 긴 삶을 건강하게 보내는 것에도 주의를 기울여야 할 것이다.

3 위 글의 주제로 알맞은 것을 고르십시오.

① 한국의 건강수명은 OECD 최하위기 때문에 더욱 분발해야 한다.
② 한국인의 기대수명은 길지만 자신이 건강하지 않다고 생각하는 경향이 있다.
③ 건강한 삶의 요건은 단순히 기대수명만 긴 것이 아니라, 건강수명 또한 긴 것이다.
④ 한국인의 기대수명은 한국의 뛰어난 의료기술 덕분에 OECD 평균보다 높은 것이다.

4 (　　　　)에 들어갈 내용으로 가장 알맞은 것을 고르십시오.

① 몸 또한 튼튼하다
② 건강하지는 못하다
③ 모든 병을 치료한다
④ 질병 없이 건강하다

유형 17 문장이 들어갈 알맞은 곳 찾기 + 글을 읽고 같은 내용 고르기 (46~47번)

〈기출문제 - TOPIK Ⅱ 60회〉

[46~47] 다음을 읽고 물음에 답하십시오.

우주는 지구와 환경이 상이해 지구에서 쓰는 방법으로는 쓰레기를 수거하기가 어렵다. 처음에는 작살과 같이 물리적인 힘을 이용해서 쓰레기를 찍을 수 있는 도구가 거론되었다. (㉠) 이 때문에 테이프나 빨판같이 접착력이 있는 도구를 사용하자는 제안도 나왔다. (㉡) 점성이 강한 테이프의 경우는 우주에서의 극심한 온도 변화를 견디지 못했으며 빨판은 진공 상태에서는 소용이 없었다. (㉢) 그런데 최근 한 연구진이 도마뱀이 벽에 쉽게 달라붙어 떨어지지 않는 것에서 영감을 받아 접착력이 있는 도구를 개발하는 데 성공했다. (㉣) 도마뱀의 발바닥에 있는 수백만 개의 미세한 털들이 표면에 접촉할 때 생기는 힘을 응용한 것이다.

46 위 글에서 〈보기〉의 글이 들어가기에 가장 알맞은 것을 고르십시오.

〈 보 기 〉
그러나 이 방법은 자칫하면 우주 쓰레기를 엉뚱한 곳으로 밀어낼 위험이 있었다.

① ㉠　② ㉡　③ ㉢　④ ㉣

47 위 글의 내용과 같은 것을 고르십시오.

① 테이프는 우주의 온도 변화 때문에 점성을 잃었다.
② 작살은 접착력을 이용한 도구의 좋은 대안이 되었다.
③ 우주에서 쓰레기를 처리하는 방법은 지구와 유사하다.
④ 접착력을 이용한 쓰레기 수거 방법은 결국 성공하지 못했다.

정답 및 해설

〔46 정답〕 ①

〔46 해설〕 ㉠의 앞 문장에서 작살과 같이 물리적인 힘을 이용한 도구가 나오다가 ㉠ 뒤의 문장에서 갑자기 테이프와 같은 접착력 있는 도구를 사용하자는 제안이 나왔으므로 작살과 같은 도구의 문제점에 대한 내용인 〈보기〉의 내용은 ㉠에 들어가는 것이 알맞다.

〔47 정답〕 ①

〔47 해설〕 '점성이 강한 테이프의 경우는 우주에서의 극심한 온도 변화를 견디지 못했으며'에서 테이프는 우주의 온도 변화 때문에 점성을 잃었음을 알 수 있다. 따라서 정답은 ①번이다.

시험 TIP

- 46번은 39-41번 문제와 유형이 같아요. 〈보기〉의 문장에 등장하는 지시대명사, 지시형용사, 접속부사를 잘 살펴보세요.
- 47번 문제의 경우에는 전체적인 내용 파악 후, 보기와 텍스트의 내용을 꼼꼼히 비교해보세요.

[1~2] 다음을 읽고 물음에 답하십시오.

길에서 쓰러지는 사람을 발견했을 때 우리는 어떻게 해야 할까? (㉠) 우선 쓰러진 사람의 반응과 호흡 상태를 확인하고 심정지인지 살핀다. (㉡) 그 다음 주변에 도움을 요청하여 빠르게 119에 신고할 수 있도록 한다. 그리고 양손을 깍지 끼어 손바닥의 뒤꿈치로 명치를 피해 가슴 중앙을 압박하되 손가락 끝이 몸에 닿지 않도록 한다. (㉢) 그렇게 가슴압박 위치를 잡았으면, 팔꿈치를 펴서 팔이 바닥에 수직을 이룬 상태로 체중을 이용하여 가슴압박을 시작한다. (㉣) 이렇게 소방관이 오기 전까지 계속하여 반복을 한다.

1 위 글에서 〈보기〉의 글이 들어가기에 가장 알맞은 것을 고르십시오.

〈 보 기 〉
이때 가슴압박은 분당 100~120회 속도로 빠르게 5~6cm 깊이로 강하게 총 30회를 시행한다.

① ㉠　② ㉡　③ ㉢　④ ㉣

2 위 글의 내용과 같은 것을 고르십시오.

① 심정지가 온 사람을 발견하면 양손으로 명치를 압박한다.
② 주변에 도움을 요청할 때 경찰서에 신고할 수 있도록 한다.
③ 길에서 사람이 쓰러지면 쓰러진 사람을 업고 병원으로 향한다.
④ 가슴압박을 할 때 팔꿈치를 펴서 팔이 바닥과 수직을 이루도록 한다.

[3~4] 다음을 읽고 물음에 답하십시오.

> 본래 한국은 지진에 대한 피해가 적은 나라 중 하나였으나 최근 들어 지진이 일어나는 횟수가 빈번해지고 그 강도 또한 높아졌다. (㉠) 지진은 지하에 강한 충격이 가해지거나, 단층이 미끄러지면서 그 에너지가 방출되어 땅이 흔들리는 현상을 말한다. (㉡) 지진은 발생할 때 단 한 번만 진동하는 것이 아니라, 주변 지층의 연속적인 작은 지진을 몰고 온다. (㉢) 이러한 지진이 났다면 가장 중요한 것은 당황하지 않고 침착함을 유지하는 것이다. (㉣) 그 후 주변을 최대한 건드리지 말고 빠르게 탈출해야 한다. 탈출할 때는 엘리베이터를 이용하면 전력이 끊어져 큰 사고로 이어질 수 있기 때문에 계단을 이용해야 한다.

3 위 글에서 〈보기〉의 글이 들어가기에 가장 알맞은 것을 고르십시오.

> 〈보 기〉
> 지진이 일어나는 동안에는 밖으로 나가려고 하지 말고 책상 밑과 같이 머리를 보호할 수 있는 곳에 숨는 것이 좋다.

① ㉠　　② ㉡　　③ ㉢　　④ ㉣

4 위 글의 내용과 같은 것을 고르십시오.

① 지진이 나면 엘리베이터를 타고 탈출한다.
② 지진은 지상에 강한 충격이 가해져서 발생한다.
③ 지진은 한 차례 발생하면 작은 지진을 동반한다.
④ 지진이 나면 주변에 필요한 물건들을 챙겨서 나온다.

유형 18

글 쓴 목적 고르기 + 빈칸에 들어갈 알맞은 내용 고르기 + 필자의 태도 고르기 (48~50번)

〈기출문제 - TOPIK Ⅱ 60회〉

[48~50] 다음을 읽고 물음에 답하십시오.

4차 산업은 그 분야가 다양하지만 연구 개발이 핵심 원동력이라는 점에서 공통점을 갖고 있다. 이러한 점을 고려하여 정부는 신성장 산업에 대한 세제 지원을 확대하기로 했다. 미래형 자동차, 바이오 산업 등 신성장 기술에 해당하는 연구를 할 경우 세금을 대폭 낮춰 준다는 점에서 고무적인 일이다. 하지만 현재의 지원 조건이라면 몇몇 대기업에만 유리한 지원이 될 수 있다. 해당 기술을 전담으로 담당하는 연구 부서를 두어야 하고 원천 기술이 국내에 있는 경우에만 지원이 가능하기 때문이다. 혜택이 큰 만큼 (   ) 정부의 입장을 이해하지 못하는 것은 아니다. 그러나 이번 정책의 목적이 단지 연구 개발 지원에 있는 것이 아니라 연구 개발을 유도하고 독려하고자 하는 것이라면 해당 조건을 완화하거나 단계적으로 적용할 필요가 있다.

48 위 글을 쓴 목적으로 알맞은 것을 고르십시오.

① 투자 정책이 야기할 혼란을 경고하려고
② 세제 지원 조건의 문제점을 지적하려고
③ 연구 개발에 적절한 분야를 소개하려고
④ 신성장 산업 연구의 중요성을 강조하려고

49 (   )에 들어갈 내용으로 가장 알맞은 것을 고르십시오.

① 일정한 제약을 두려는
② 연구 기관을 늘리려는
③ 투자 대상을 확대하려는
④ 지원을 단계적으로 하려는

50 밑줄 친 부분에 나타난 필자의 태도로 알맞은 것을 고르시오.

① 기술 발전이 산업 구조 변화에 미칠 영향을 인정하고 있다.
② 세제 지원의 변화가 투자 감소로 이어질 것을 우려하고 있다.
③ 세금 정책이 연구 개발에 미치는 부정적 영향을 비판하고 있다.
④ 신성장 기술에 대한 세제 지원 정책을 긍정적으로 평가하고 있다.

정답 및 해설

〔48 정답〕②

〔48 해설〕'세제 지원을 확대하기로 했다'라는 내용 뒤에 '하지만'이라는 접속 부사가 오며 현재 지원 조건의 경우 '몇몇 대기업에만 유리', '해당 조건을 완화하거나 단계적 적용'이라는 오고 있으므로 세제 지원 조건의 문제점을 지적함을 알 수 있다. 따라서 정답은 ②번이다.

〔49 정답〕①

〔49 해설〕빈칸 뒤의 내용에 해당 조건 완화와 단계적 적용이라는 내용이 오고 있으므로 지원조건에 '일정한 제약'을 두고 있음을 알 수 있다. 따라서 ①번이 정답이다.

〔50 정답〕④

〔50 해설〕'세금을 대폭 낮춰 준다는 점에서 고무적인 일이다'에서 세금을 대폭 낮춰 준다는 것은 '세제 지원 정책'을 뜻하고, 고무적이라는 의미는 '긍정적임'을 뜻하므로 밑줄 친 부분에서 필자는 신성장 기술에 대한 세제 지원 정책을 긍정적으로 평가하고 있음을 알 수 있다.

시험 TIP

- 주로 논설문 성격의 텍스트가 제시되기 때문에 사회, 경제적 이슈를 다루는 경우가 많아요.
- 48번 문제의 경우, 글의 전체적인 내용을 이해하여 주제를 파악하는 것이 중요해요.
- 49번 문제의 경우, 빈칸의 앞뒤 문장을 잘 살펴보세요.
- 50번 문제의 경우, 태도를 나타내는 어휘를 알아두는 것이 좋아요.

✔ 48, 50번 '글의 목적 / 필자 태도'를 나타내는 어휘

글의 목적				필자 태도	
1	강조하다	7	제기하다	1	가정하다
2	고발하다	8	제안하다	2	비판하다
3	비교하다	9	주장하다	3	염려하다
4	설명하다	10	지지하다	4	예측하다
5	알리다	11	촉구하다	5	우려하다
6	재조명하다	12	홍보하다	6	지적하다

연습문제

[1~3] 다음을 읽고 물음에 답하십시오.

장기기증자수 확대 방안으로 유럽국가에서 시행하고 있는 '옵트아웃제(Opt-Out)'를 도입해야 한다는 목소리가 나오고 있다. 옵트아웃제는 사망 전 장기기증 거부 의사를 밝히지 않았을 시 장기기증에 대해 잠정적으로 동의한 것으로 간주하고 사망 후에 장기를 적출할 수 있도록 하는 제도이다. 대부분의 유럽국가에서는 (   ), 자기결정권 침해 가능성과 장기기증에 대한 부정적 인식으로 인해 한국에서는 제도 도입의 논의 자체가 어려운 실정이다. 현재 한국은 장기이식과 관련하여 사망하기 전 별도로 장기기증에 대해 동의 의사를 밝힌 사람만 기증 동의자로 보는 '옵트인(Opt-In)' 제도를 시행하고 있다. 한국은 전통적 가치관으로 인해 옵트아웃제 논의 자체가 어려운 상황이므로, 제도에 대한 사회적 공론화가 이루어져야 할 것이다.

1 위 글을 쓴 목적으로 알맞은 것을 고르십시오.

① 장기기증자의 축소 방안에 대해 제안하기 위해서
② 장기기증을 신청하는 방법에 대해 홍보하기 위해서
③ 장기기증의 확대 방안인 옵트아웃제를 설명하기 위해서
④ 유럽에서 장기를 공수하기 위한 방법을 모색하기 위해서

2 (   )에 들어갈 내용으로 가장 알맞은 것을 고르십시오.

① 체계가 없지만 ② 거부하고 있지만
③ 금지하고 있지만 ④ 시행하고 있지만

3 밑줄 친 부분에 나타난 필자의 태도로 알맞은 것을 고르시오.

① 한국에서 옵트아웃제에 대한 활발한 논의의 필요성을 제시하고 있다.
② 한국의 옵트인 제도의 확대 방안에 대한 논의가 필요함을 주장하고 있다.
③ 유럽의 옵트아웃제 시행으로 인한 장기이식 성공률에 대해 홍보하고 있다.
④ 한국의 장기기증자수의 증가율에 대해 전통적 가치관의 훼손됨을 걱정하고 있다.

[4~6] 다음을 읽고 물음에 답하십시오.

지구온난화로 인해 지구가 급격히 뜨거워지면서 지난해와 올해 온열질환자의 수가 급격히 증가했다. 흔히 '더위 먹었다'라고 표현하는 온열질환은 고온에 지속적으로 노출되었을 때 높은 기온을 신체가 견디지 못해 생기는 증상을 말한다. 이때 조치를 취하지 않으면 체온이 급격히 올라 40도를 넘어 치명적인 열사병으로 진행되는 것이다. 그렇기 때문에 여름에 야외활동을 하는 경우 자신의 몸 상태에 주의를 기울이는 것이 필요하다. 지난해 우리나라 온열질환자는 4,526명, 사망자는 48명이었다. 사망자의 대부분은 노인이었는데, 조금만 자신의 몸 상태에 신경을 썼더라면 잃지 않아도 되었을 생명이었다. 이렇게 죽음까지 이르게 하는 온열질환을 예방하는 방법은 (　　　　　　)이다. 폭염이 찾아왔을 때에는 외출을 삼가고, 실내온도를 바깥보다 5~6도 낮게 유지한다. 불가피하게 야외활동을 해야 한다면 충분한 수분보충과 함께 간간히 그늘에서 쉬어주어야 한다. 그럼에도 만약 온열질환 증상이 나타나면, 환자의 체온이 떨어지도록 조치하고 즉시 가까운 응급실을 방문해야 한다. 특히 독거노인, 야외근로자, 만성질환자, 어린이 등 더위에 취약한 계층은 주변에서 각별히 살펴야 폭염의 위험으로부터 그들을 지킬 수 있을 것이다.

4 위 글을 쓴 목적으로 알맞은 것을 고르십시오.

① 온열질환에 취약한 계층을 소개하기 위해서
② 폭염이 온열질환의 원인임을 경고하기 위해서
③ 온열질환의 위험성과 예방방법을 설명하기 위해서
④ 지구온난화로 인해 찾아오는 폭염에 대비하기 위해서

5 (　　　)에 들어갈 내용으로 가장 알맞은 것을 고르십시오.

① 고온의 환경을 피하는 것
② 창문을 열어 환기를 시키는 것
③ 고온의 환경에 적응하는 것
④ 창문을 닫아 실내 온도를 유지시키는 것

6 밑줄 친 부분에 나타난 필자의 태도로 알맞은 것을 고르시오.

① 우리나라의 온열질환자가 증가하고 있음을 지적하고 있다.
② 노인들 때문에 사망자 수가 계속해서 늘 것을 우려하고 있다.
③ 더위에 취약한 계층인 노인의 죽음에 대해 안타까워하고 있다.
④ 노인들이 온열질환의 증상을 자각하지 못한 원인을 예측하고 있다.

TOPIK II

정답 및 해설

쓰기 연습문제

유형 1 실용문 빈칸에 들어갈 알맞은 문장 쓰기

1

정답	㉠ 우리 수영장으로 오세요. 우리 수영장에서 함께 수영해요. 우리 수영장에서 함께 운동해요. ㉡ 회사 일이 바빠서 운동할 시간이 없다고요 회사 일로 바빠서 수영할 시간이 없으세요 평일에는 운동을 할 시간이 나지 않는다고요
해설	㉠ 수영 회원을 모집하는 글이기 때문에, 수영을 하러 오라는 홍보의 내용이 담긴 문장이 와야 한다. ㉡ 회사에 출근하는 것 때문에 운동할 시간이 없느냐고 묻는 내용이 와야 빈칸 뒤의 내용과 자연스럽게 이어진다.

2

정답	㉠ 기말고사 기간입니다 기말고사가 시작됩니다 기말고사가 시행될 예정입니다 ㉡ 밖에서 해 주시기 바랍니다 나중에 하거나 밖에 나가서 해 주십시오
해설	㉠ '기말고사 안내'라는 제목을 통해 예상할 수 있다. ㉡ 뒤의 문장에서 도서관에서 전화를 하면 안 되는 이유를 설명하고 있으므로, 빈칸에는 도서관에서 전화를 금지한다는 내용이 들어가야 한다.

3

정답	㉠ 함께 일할 분을 찾고 있습니다 아르바이트를 할 사람을 찾고 있습니다 아르바이트를 할 분을 모집하고 있습니다 ㉡ 빵에 대해서 잘 모르세요 빵을 잘 몰라 걱정이 됩니까 빵을 잘 몰라 지원하기 힘든가요
해설	㉠ '아르바이트 모집 안내'라는 제목을 통해 예상할 수 있다. ㉡ 뒤의 문장에서 빵에 대해서 잘 몰라도 쉽게 일할 수 있다는 내용이 오므로, 빵을 잘 몰라서 걱정하는 등의 내용이 오면 된다.

4

정답	㉠ 우리 마트가 이전을 했습니다 우리 마트가 이전을 하게 되어 안내해 드립니다 우리 마트가 새로운 보금자리를 갖게 되었습니다 ㉡ 우리 마트가 되겠습니다 서비스를 약속드립니다 서비스로 보답하겠습니다
해설	㉠ '우리 마트 이전 안내'라는 제목을 통해 예상할 수 있다. ㉡ 지금까지의 이용에 대한 감사의 내용 뒤에 앞으로의 계획에 대해서 말하는 것이기 때문에 친절한 서비스를 제공하거나 친절한 마트가 되겠다는 의미의 문장을 쓰면 된다.

유형 2 설명문 빈칸에 들어갈 알맞은 문장 쓰기

1

정답	㉠ 증가하고 있다 높아지고 있다 늘어나고 있다 ㉡ 향상되어야 한다 개선되어야 한다 높여야 한다
해설	㉠ 반려동물을 키우는 사람들이 증가하는 만큼 동물을 버리는 사람도 '증가'한다는 내용이 오는 것이 자연스럽다. ㉡ '우리나라가 아직 반려동물에 대한 인식이 낮다는 것을 보여준다'라는 문장 뒤에 '그렇기 때문에'라는 접속사와 '시대의 흐름에 따라'라는 내용이 오기 때문에, '향상되어야/개선되어야/높여야 한다'가 오는 것이 자연스럽다.

2

정답	㉠ 물을 마시는 것이다 물을 먹는 것이다 수분을 섭취하는 것이다 ㉡ 몸속의 수분을 내보낸다 몸속의 수분을 배출시킨다 이뇨작용을 활성화한다
해설	㉠ 빈칸 뒤의 문장에서 하루에 마셔야 하는 물의 양에 대해서 설명하고 있으므로, 빈칸에는 '물을 마시는 것이다'라는 내용이 오는 것이 적절하다. ㉡ 빈칸 뒤에 '커피를 마시면 커피가 몸속에서 내보낸 수분의 양만큼'이라는 내용이 있으므로, 빈칸에는 '몸속에서 수분을 내보낸다'라는 내용이 오는 것이 적절하다.

3

정답	㉠ 부정적이고 남을 무시하는(비하하는/업신여기는) 말을 사용한다(쓴다) ㉡ 인격을 드러낸다 인격을 나타낸다 인격을 보여준다
해설	㉠ 빈칸 앞의 문장에서 '바른 인격을 지닌 사람은 긍정적이고 남을 존중하는 말을 사용한다'라는 내용이 오기 때문에, '그러나' 뒤에 오는 빈칸에는 그와 반대되는 내용인 '부정적이고 남을 무시하는'과 같은 내용이 오는 것이 적절하다. ㉡ 빈칸 뒤에 '바른 인격을 드러내기 위해서는'을 보아, 말은 그 사람의 '인격을 드러낸다'는 내용이 오는 것이 자연스럽다.

4

정답	㉠ 마스크를 써야 한다 마스크를 사용해야 한다 마스크를 착용해야 한다 ㉡ 미세먼지 마스크를 써야 한다고 한다 미세먼지 마스크를 사용해야 한다고 한다 미세먼지 마스크를 착용해야 한다고 한다
해설	㉠ 빈칸 뒤의 문장에서 '마스크를 쓸 때'라는 내용이 있으므로, 빈칸에는 '마스크를 써야 한다'가 오는 것이 적절하다. ㉡ 빈칸 뒤에 '미세먼지 마스크가 아닌 일반마스크를 사용할 경우'에 대한 문제점이 나와 있으므로, 빈칸에는 '미세먼지 마스크를 써야 한다'가 오는 것이 적절하다.

유형 3 자료 분석해서 글쓰기

〔채점기준〕
- 내용이 주제와 관련되고 풍부하고 다양한가?
- 제시된 정보를 적절하게 사용하였는가?
- 글의 구성이 논리적이며 조직적인가?
- 어휘와 문법을 적절하고 다양하게 사용하였는가?

1

〔모범 답안〕

매년 국내 출생아 수가 감소하고 있다. 2015년부터 2017년까지 출생아 수와 합계 출산율을 보면 지속해서 줄어들고 있음을 알 수 있다. 출산율 저하의 원인으로는 자녀 양육비를 비롯한 교육비의 부담이 큰 것으로 나타났다. 다른 원인으로는 소득과 고용의 불안정과 일과 가정 양립의 어려움 등이 있었다. 이러한 점을 볼 때, 출산율은 경제력과 상당히 연관되어 있다고 볼 수 있다. 마지막으로 현대 사회로 오면서 여성의 사회 진출에 따른 가치관의 변화 등이 출산율 저하의 원인이 될 수 있다. (273자)

2

〔모범 답안〕

재택근무에는 장점과 단점이 있다. 장점은 출퇴근 시간이 자유롭다는 것이다. 또한 집에서 근무를 하기 때문에 집안일을 병행할 수 있으며, 식비를 절약할 수 있다. 반면에 재택근무의 단점으로는 집에서 편하게 일을 하므로 집중력이 흐려질 수 있으며, 냉방비와 같은 에너지 비용을 스스로 부담해야 한다. 그리고 텍스트로만 의사소통을 진행하므로, 제대로 된 의사전달이 안 될 수도 있다. 이러한 점들을 고려하였을 때, 자신의 성향에 맞는 근무 환경을 선택할 수 있도록 신중하게 생각해보고 결정하는 것이 필요하다. (281자)

3

〔모범 답안〕

20, 30대의 결혼에 대한 생각을 살펴보면 결혼이 필요하다는 응답이 34.8%, 필요 없다는 응답이 65.2%로, 결혼을 불필요하다고 여기는 사람이 과반수임을 알 수 있다. 이에 따른 결혼 기피 이유로는 금전적 문제, 양가 갈등에 따른 결혼 생활에 대한 부담, 자녀 교육에 대한 부담 등을 꼽았다. 이는 한국의 혼인 건수에도 반영되는데, 1990년에는 399천 건, 2010년에는 326천 건, 2014년에는 306천 건, 2017년에는 264천 건으로 계속해서 감소하고 있음을 알 수 있다. (274자)

4

〔모범 답안〕

이 그래프는 20대와 40대 500명을 대상으로 스마트폰 사용 유형에 대해 조사한 것이다. 조사 결과 20대의 경우 동영상 시청이 45%로 가장 높게 나타났고, 그다음으로 SNS가 28%, 정보 검색이 17%, 쇼핑이 10% 순으로 나타났다. 반면에 40대는 뉴스가 42%로 가장 높았고, 다음으로 정보검색이 21%, 음악 듣기가 19%, 동영상 시청이 18% 순으로 나타났다. 이러한 결과를 통해 20대와 40대의 스마트폰 사용 유형이 많이 다르다는 것을 알 수 있다. (264자)

유형 4 글을 읽고 자신의 생각 쓰기

〔채점기준〕
- 내용이 주제와 관련되고 풍부하고 다양한가?
- 글의 구성이 논리적이며 조직적인가?
- 어휘와 문법을 적절하고 다양하게 사용하였는가?

1

〔모범 답안〕

최근 범죄율이 증가하면서 CCTV를 설치하는 곳이 늘어나고 있다. CCTV는 범죄가 발생했을 경우 범인을 잡거나 증거 영상으로 많은 도움을 준다. 이러한 CCTV는 사람들에게 경각심을 줌으로써 범죄예방에 도움이 된다는 이유로 설치가 늘어나고 있다. 하지만 일각에서는 사생활 침해로 CCTV 설치를 규제해야 한다는 의견이 나오고 있다.

우선, CCTV는 근본적인 범죄예방책이라고는 할 수 없다. 범죄를 발생시키는 가장 큰 원인은 경제적인 문제, 인간관계 문제가 주를 이루는데 이것을 CCTV로 해결할 수 있는지는 의문이다. 범인을 잡는 데 도움을 줄 수는 있지만, 실질적으로 발생하는 우발적인 범죄를 예방할 수 있는 근본적인 예방책은 될 수 없다. 또한, CCTV보다 더 효과적인 예방법들이 많은데 굳이 사생활과 인권 침해, 그 외에 여러 방면으로 악용될 수 있는 것을 적극적으로 확대할 필요성이 있는지 생각해봐야 한다. 심지어 요즘에는 국가의 무분별한 설치에 이어 개인들도 너나 할 것 없이 설치하고 있어 규제가 필요한 상황에 이르렀다.

CCTV의 필요성에 대해서 알고 있고, 절대적으로 반대하는 것은 아니다. 그러나 이미 포화상태임에도 불구하고 무분별하게 설치되는 상황에서 CCTV를 확대하는 것을 반대하는 것이다. 범죄율이 높은 곳이나 위치상으로 중요한 곳에서 한시적으로 설치하고, 지금처럼 필요 이상의 설치는 규제하는 것이 바르다고 생각한다. (699자)

2

〔모범 답안〕

우리는 살아가면서 거짓말을 하게 된다. 여기서 '선의의 거짓말'이라는 말이 있다. '선의의 거짓말'이란 다른 사람을 위해서 하는 거짓말로 흔히 하얀 거짓말이라고도 한다.

그렇다면, 선의의 거짓말이 이로운지 한번 생각해보아야 한다. 우리는 거짓말은 윤리적으로 나쁘다고 교육을 받기 때문이다. 거짓말은 의도가 불순한 것이지만 선의의 거짓말은 선행을 위한 말, 즉 선한 말이다. 예를 들어 불치병에 걸린 환자에게 하는 의사의 거짓말은 좋은 의도에서 비롯된 것이며 마찬가지로 좋은 결과를 가져다줄 수 있다. 이렇게 선의의 거짓말은 타인에게 삶의 행복이나 희망을 주는 좋은 결과를 준다.

하지만 거짓말을 선의의 거짓말과 나쁜 거짓말로 나누기 불분명하여, 선의의 거짓말 결과가 타인에게 좋을지는 장담할 수 없어 착한 거짓말이라고 해도 해서는 안 된다는 의견이 있다. 도덕에서 예외란 있을 수 없다. 조금이라도 예외를 두기 시작하면 도덕의 힘은 약해지고 가치가 떨어지기 마련이다. 따라서 선의의 거짓말도 결국엔 거짓말일 뿐이다. 결국 선의의 거짓말을 허용하면 양심에 따른 도덕이 무너지고 사회 혼란이 더욱 가중될 수도 있다.

선의의 거짓말은 어쩌면 그저 '거짓말'이 될지도 모른다. 하지만 상황에 따라서 누군가에게 희망을 주고, 인간관계를 향상할 수 있다. 선한 마음을 가지고 상대방을 위해서 하는 거짓말이라면 때로는 필요하다고 생각한다. (686자)

3

경청은 대화의 기본적인 덕목이다. 보통 경청이라고 하면 귀 기울여 듣는 것이라고 생각하는 경우가 많다. 그러나 경청은 단순히 '듣다'의 뜻만 가지고 있는 것이 아니라 말 속의 의미와 감정까지 파악한다는 뜻 또한 포함하고 있다.

이러한 경청의 자세는 대화를 할 때 중요한 요소로 작용한다. 우선 경청하는 자세를 통해 상대방의 의도를 헤아리고 원활한 대화를 이끌어 갈 수 있다. 상대방이 말하고자 하는 바와 감정을 잘 이해한다면, 대화 과정에서 갈등이 일어날 확률도 감소할 것이다. 또한 본인이 경청하는 자세를 취하면 상대방도 그것을 느끼기 때문에 상대방의 마음을 열고 호감과 신뢰를 형성할 수 있다.

만약 경청을 하지 않는다면 그 대화는 갈등을 맞이하거나 수박 겉핥기식으로 끝날 가능성이 높다. 상대방의 말을 듣지 않고 자기 할 말만 한다면 제대로 된 대화가 이루어질 수 없는 것은 당연하기 때문이다.

그렇다면 경청은 어떻게 하는 것일까. 경청은 단순히 듣기만 하는 행위가 아니다. 경청을 하는 가장 쉬운 방법은 상대방의 말을 듣고 있다는 표시 즉, 반응을 해주는 것이다. 상대방의 말에 공감하듯 고개를 끄덕여주고, 눈을 맞추고 감탄사를 더하는 것만으로도 충분하다. 이러한 작은 행동으로 상대방은 자신의 이야기를 잘 듣고 있다고 생각하며, 본인 또한 상대방의 말에 좀 더 집중할 수 있다. (672자)

4

최근 높은 산과 같이 사람들이 쉽게 접근할 수 없는 자연 관광지에 케이블카를 설치하는 곳이 점점 많아지고 있다. 이러한 케이블카의 설치는 장점도 있지만 단점 또한 존재한다.

먼저 자연 관광지 케이블카 설치의 가장 큰 장점은 관광지의 활성화이다. 암벽으로 된 산이나 높은 지대에 위치하여 사람들의 접근이 용이하지 않았던 관광지에 케이블카를 설치함으로써 더욱 많은 관광객을 유치할 수 있다. 또한 몸이 불편해 자연 관광지에 올 수 없었던 사람도 케이블카를 이용해 쉽게 관광을 즐길 수 있다.

그러나 자연 관광지에 케이블카를 설치하는 것은 자연환경을 해칠 수 있다는 것이 가장 큰 문제점이다. 케이블카를 설치하려면 수많은 기둥을 세우고 건축 자재와 차량들이 이동해야 하는데, 이 과정에서 산림이 훼손되는 것을 피할 수 없다는 것이다.

케이블카 설치의 장점에도 불구하고 문제점을 고려하였을 때 자연 관광지에 케이블카를 설치하는 것은 부적절하다고 생각한다. 관광지까지 갈 수 있는 길이 있음에도 불구하고 그 길을 이용하기 어렵다는 이유로 케이블카를 만든다는 것은 인간의 편의를 위해 자연을 얼마든지 희생시킬 수 있다는 인식을 반영하기 때문이다. 이러한 이유로 자연 관광지 케이블카 설치를 반대한다. (615자)

TOPIK II

정답 및 해설

읽기 연습문제

유형 1 빈칸 채우기

〔정답〕

1. ② 2. ③ 3. ①

〔해설〕

1. 그는 키가 작아도 농구를 잘한다.
   앞 절에서 말하는 사실이나 가정에 대한 기대가 어긋남을 나타낼 때 사용하는 '–아/어도'가 정답이다.
2. 집에 도착하자마자 비가 내렸다.
   앞 절의 동작이 이루어진 후, 바로 뒤이어 다음 절의 사건이나 동작이 일어남을 나타낼 때 사용하는 '–자마자'가 정답이다.
3. 이번 여름엔 부산으로 여행을 가기로 했다.
   계획하거나 결정함을 나타내는 표현인 '–기로 하다'가 정답이다.

유형 2 의미가 비슷한 구절 고르기

〔정답〕

1. ① 2. ④ 3. ③

〔해설〕

1. 뒤에 나오는 행동이나 상태가 앞말과 비슷한 정도임을 나타내는 '만큼'이 정답이다.
2. 부정적인 결과에 대한 원인이나 까닭을 나타내는 '–는 바람에'가 정답이다.
3. 어떻게 하는지에 따라 상황이나 결과가 달라짐을 나타내는 '–기 나름이다'가 정답이다.

유형 3 실용문을 읽고 중심 소재 파악하기

〔정답〕

1. ③ 2. ② 3. ① 4. ④

〔해설〕

1. '마치/눈앞에' 등의 어휘나 표현을 통해 답을 유추해 낼 수 있다.
2. '시간여행/역사' 등의 어휘나 표현을 통해 답을 유추해 낼 수 있다.
3. '가입'이라는 어휘를 통해 답을 유추해 낼 수 있다.
4. '살리는/후원 안내' 등의 어휘나 표현을 통해 답을 유추해 낼 수 있다.

유형 4 글 또는 그래프를 읽고 같은 내용 고르기

〔정답〕

1. ③ 2. ④ 3. ④ 4. ①

〔해설〕

1. 진해 벚꽃 축제는 ①사진촬영이 가능하며, ②10일 동안 여좌천에서 열리고, ④문의사항은 홈페이지 질문게시판을 이용해야 한다.
2. OECD 경제성장률 전망을 조사한 결과, 한국의 경제성장률은 2018년 2.7%, 2019년 2.8%, 2020년 2.9%로 꾸준히 증가하고 있다.
3. ①종이 빨대는 스테인리스 빨대에 비해 쉽게 변형이 오며, ②종이 빨대는 반영구로 사용할 수 없다. ③환경운동가들은 플라스틱 빨대 대신 친환경 제품을 사용하는 것을 권장한다.
4. ②스마트폰 중독문제는 남녀노소 할 것 없이 모두에게 나타나고 있으며, ③스마트폰 중독 증상이 의심되는 경우에는 전문가의 상담이나 치료가 필요하다. ④스마트폰 중독 검사지는 한국정보화진흥원에서 무료로 제공받을 수 있다.

유형 5 순서에 맞게 배열하기

〔정답〕

1. ② 2. ④ 3. ④

〔해설〕

1. '현재 여름임에도 선선한 날씨임'을 알리는 것으로 시작하여, '그러나 내일부터는 열대야가 시작된다'는 것을 언급한 후 다음 주부터는 무더위가 찾아올 것을 알린다. 이러한 더위에 대비하여 양산, 선글라스 등의 용품을 준비해야 한다고 하는 것이 문맥의 흐름상 자연스럽다.

2. 삼복이 무엇인지 소개하고, 복날은 언제 찾아오는지를 알린 후, 그 기간 동안에 닭고기의 판매량이 증가하며, 증가 이유를 언급하는 것이 문맥의 흐름상 자연스럽다.

3. 멸종위기종인 하늘다람쥐의 보호 필요성에 대해 언급하고, 그에 따라 환경청이 하늘다람쥐 보호를 위해 인공둥지를 조성하였으며, 그 결과 하늘다람쥐가 인공둥지 정착에 성공하였고, 이러한 결과를 바탕으로 인공둥지를 늘려갈 계획이라고 말한 것이 문맥의 흐름상 자연스럽다.

유형 6 빈칸에 들어갈 알맞은 내용 고르기 ❶

〔정답〕

1. ① 2. ④ 3. ③

〔해설〕

1. 빈칸 뒤에 냉방병의 정의와 증상에 대해서 설명하고 있으며, 빈칸 앞의 내용에는 장시간 에어컨을 사용한다고 언급하고 있어 빈칸에는 '냉방병이 생길 수 있어'가 들어가는 것이 적절하다.

2. 빈칸 앞에서는 달걀의 장점을 언급하고 있으며, '이렇게'라는 앞의 내용과 연결시켜주는 표현이 등장하기 때문에 달걀에 대한 부정적인 내용은 정답이 될 수 없다.

3. 빈칸 뒤에 단정한 용모와 자신감 있는 태도가 좋은 인상임을 나타내고 있으므로, 빈칸에는 외모와 관련된 아름다움이 아니라는 내용이 오는 것이 적절하다.

유형 7 빈칸에 알맞은 문장부사 고르기 + 글의 내용과 같은 것 고르기

〔정답〕

1. ③ 2. ③ 3. ① 4. ①

〔해설〕

1. 빈칸 앞과 뒤의 문장은 서로 반대되는 내용을 말하고 있다. 그러므로 앞의 내용과 뒤의 내용이 상반될 때 사용하는 접속부사인 '그러나'가 오는 것이 적절하다.
2. ①사막은 모래 외에도 다양한 모습이 존재하며 눈과 비가 내리는 곳도 있다. ②바위로 이루어진 사막도 있고, 얼음으로 뒤덮인 사막도 있다. ④칼라하리 사막은 가끔씩 폭우가 내린다.
3. 다른 지역과는 다르게 문화재를 많이 보유하고 있는 경주의 특징을 말하고 있으므로, 보통과는 다르다는 의미를 가진 '특히'가 빈칸에 오는 것이 적절하다.
4. ②텍스트에서는 경주가 도시 전체가 세계문화유산으로 지정되었다고 언급하고 있지 않다. ③경주는 992년간 신라의 수도였다. ④경주의 역사적 가치가 훼손되었다는 내용은 텍스트에 언급되어 있지 않다.

유형 8 빈칸에 알맞은 관용어, 속담 고르기 + 글의 중심생각 고르기

〔정답〕

1. ④ 2. ② 3. ④ 4. ②

〔해설〕

1. 일부 식당에서는 음식값의 70%에 달하는 배달료를 측정하여, 음식값 수준과 비슷한 높은 배달료를 받고 있으므로, 주된 것보다 딸린 것이 더 크다는 의미의 '배보다 배꼽이 더 크다'라는 말이 들어가는 것이 적절하다
2. 높은 음식 배달료에 대한 이야기와 주문이 많은 시간대와 비가 오는 날 등에는 추가 배달료로 인하여 소비자들의 불만이 증가하고 있으므로, 높은 배달료로 인한 소비자의 불만이 커져가고 있음을 알 수 있다.

3. 공포영화가 실감나는 연출과 긴장감 있는 전개를 보여준다고 했으므로, 아슬아슬하여 마음이 조마조마하게 만든다는 의미의 '손에 땀을 쥐게 한다'가 적절하다.

4. 공포영화를 보면 칼로리가 소모되고 신체가 긴장하여 식욕을 감퇴시킨다고 했으므로, 공포영화를 보는 것이 체중감량에 도움이 된다는 것이 중심 내용임을 알 수 있다.

유형 9 '나'의 심정 고르기 + 글의 내용과 같은 것 고르기

〔정답〕

1. ④ 2. ④ 3. ① 4. ④

〔해설〕

1. 피아노 대회에 나간 '나'의 상황과 '숨소리조차 크게 들리는 공간에서/크게 숨을 한 번 쉬고' 등의 표현을 통해 '나'가 긴장하고 있음을 유추할 수 있다.

2. ①'나'는 피아노방에서 울면서 연습할 만큼 연습을 열심히 했다. ②'나'는 '물 만난 물고기마냥' 연주했기 때문에 연주를 못 했다고 보기는 어렵다. ③'나'는 자신이 선택한 길이지만 포기하고 싶었던 순간도 많았다고 언급하고 있다.

3. '나'는 어린 시절 친구들과 뛰어다니던 고향을 생각하고 있으며, 그곳이 그대로 남아있었으면 좋겠다는 마음을 가지고 있기 때문에 '그립다'가 적절하다.

4. ①'나'는 자신의 고향이 지금은 어떤 모습으로 변했는지 알지 못하므로 종종 찾아갔다고 보기 어렵다. ②'나'는 매미 소리 때문에 잠에서 깨고 말았다. ③'나'는 중학교 입학 이전까지만 고향에서 살았기 때문에 그곳에서 직장생활을 했다고 보기는 어렵다.

유형 10 신문 기사 제목 설명하기

〔정답〕

1. ② 2. ① 3. ②

〔해설〕

1. 제시된 신문 기사의 제목은 태풍은 사라졌으나, 남부 지역에 비와 바람으로 인한 피해가 계속해서 일어나고 있음을 나타내고 있다.
2. 제시된 신문 기사의 제목은 정부가 대책을 세웠음에도 불구하고 취업률은 오르지 않고 있음을 나타내고 있다.
3. 제시된 신문 기사의 제목은 스마트폰의 과도한 사용으로 인해 종이책을 읽는 사람들이 거의 없음을 나타내고 있다.

유형 11 빈칸에 들어갈 알맞은 내용 고르기 ❷

〔정답〕

1. ③ 2. ③ 3. ④

〔해설〕

1. 빈칸 앞의 문장은 음식을 씹는 습관을 강조하고 있으며, 빈칸 뒤의 문장은 한쪽으로 씹는 습관의 위험성에 대해 언급하고 있으므로, 빈칸에는 양쪽 치아를 모두 사용해야 한다는 내용이 적절하다.
2. 빈칸 앞에는 앞의 문장과 반대되는 내용일 때 사용하는 '그러나'가 등장하며, 빈칸 뒤에는 이색 동물 카페가 법의 사각지대에 놓여 있고, 규제할 방법이 없다고 언급하고 있으므로, '이에 맞는 관리 규정이 없어'가 들어가는 것이 적절하다.
3. 빈칸 뒤에는 상태가 악화될 수 있기 때문에 부모의 관심이 필요하다는 것을 언급하고 있으므로 '진단과 치료가 늦어지는 만큼'이 적절하다.

유형 12 글을 읽고 같은 내용 고르기

〔정답〕

1. ① 2. ③ 3. ③ 4. ③

〔해설〕

1. ②열대야는 여름밤의 최저기온이 25℃ 이상인 경우를 말한다. ③열대야는 건물이나 공장이 많은 도시에서 주로 발생한다. ④한국의 열대야는 고온다습한 북태평양고기압이 확장될 때 발생한다.

2. ①인공지능 스피커는 독거노인의 외로움을 달래준다. ②인공지능 스피커의 개발과 독거노인의 증가는 관계없다. ④인공지능 스피커에게 도움을 요청하면 119에 신고가 접수된다.

3. ①모차르트의 아버지는 모차르트의 뛰어난 음악적 재능을 발견하고 그를 음악가로 키우기 위해 6세 때부터 독일 각지로 아들을 데리고 다니며 연주회를 가졌다. ②모차르트는 짧은 생애 동안 수많은 작품을 작곡하였다. ④모차르트의 음악은 형식과 내용이 완전한 균형을 이루고, 명랑하면서도 감미롭고 우아함을 지녔다.

4. ①우울증이 아니라, 소아 시기의 비만이 지방 세포 수를 증가시킨다. ②소아시절의 과체중을 잘못 관리할 경우 비만으로 이어진다. ④UN은 지금까지 소아 · 청소년의 과체중 비율이 계속 증가하였다고 보고하였다. 미래에 대한 예측은 언급하지 않았다.

유형 13 주제 고르기

〔정답〕

1. ① 2. ① 3. ④ 4. ④

〔해설〕

1. ②, ③, ④ 모두 텍스트에서 언급되는 내용이지만, 텍스트의 모든 내용을 아우를 수 있는 주제는 '①여름철에는 식중독에 걸릴 확률이 높아 예방을 해야 한다'가 적절하다.

2. 텍스트의 주요 내용은, 민간 우주 관광 프로그램이 기획되고 있으며, NASA 또한 민간인이 우주여행을 할 수 있도록 국제우주정거장의 상업적 개방 의지를 드러내고 있어 누구나 우주여행이 가능한 시대가 왔다는 것이다. 따라서 이 모든 내용을 포함하는 '①민간인도 우주여행이 가능한 시대가 왔다'가

적절하다.

3. 텍스트의 주요 내용은, 산후 우울증의 증상과 가족에게 미치는 영향을 언급하며, 이를 치료하기 위해 배우자의 관심이 중요함을 강조하고 있다. 이에 따라 '④산후 우울증은 가족 관계에 영향을 미치기 때문에 배우자의 관심이 필요하다'가 주제로 적절하다고 볼 수 있다.

4. 텍스트의 주요 내용은, 완도군에서 생산되는 해조류가 여러 가지 효능으로 세계에서 주목받고 있으며, 이에 따라 완도군에서도 해조류의 가치를 이용한 행사 및 산업을 시작하고 있다는 것이다. 이에 따라 '④완도군에서 생산되는 해조류는 다양한 효능을 바탕으로 그 가치를 인정받고 있다'가 주제로 적절하다고 볼 수 있다.

유형 14 <보기> 글이 들어갈 알맞은 곳 고르기

〔정답〕

1. ③ 2. ③

〔해설〕

1. 〈보기〉는 유배 생활을 하던 중 목민심서를 완성했다고 하였으므로, 정약용이 유배 생활 동안 경전 연구에 몰두하였다는 문장과, 목민심서의 의의를 언급하는 문장 사이인 ⓒ에 들어가는 것이 적절하다.

2. 〈보기〉는 미켈란젤로가 천지창조를 그렸던 작업 방식에 대해서 설명하고 있으므로, 미켈란젤로가 4년에 걸친 작업 계획을 짰다는 문장과, 작업 과정으로 인해 직업병을 얻었다는 문장 사이인 ⓒ에 들어가는 것이 적절하다.

유형 15 인물의 심정/말투/태도 고르기 + 글을 읽고 같은 내용 고르기

〔정답〕

1. ① 2. ③ 3. ③ 4. ③

〔해설〕

1. 만도는 다리를 잃은 진수에게 자신도 팔 한쪽이 없지만 잘 살고 있다며 다리 한쪽이 없어도 잘 살 수 있을 것이라 위로하고 있다.
2. ①만도는 단골집 주막을 마다하고 장에 들렀다. ②만도는 진수가 돌아온다는 소식에 어깻바람이 날 만큼 신이 났다. ④만도는 한쪽 팔을, 진수는 한쪽 다리를 잃었다.
3. 소년은 소녀가 이사를 가게 된다는 말에 안타까울 것도, 서러울 것도 없다 생각했지만 씹고 있는 대추알의 단맛을 느끼지 못한다는 부분에서 소년이 혼란스러워하고 있음을 알 수 있다.
4. ①소년은 덕쇠 할아버지에게 호두를 따는 것을 들키지 않았다. ③소년은 소녀가 떠난다는 소식에 소녀에게 선물로 주기 위해 호두를 땄다. ④소녀네는 사업에 실패해서 집을 넘겨주게 되었다.

유형 16 주제 고르기 + 빈칸에 들어갈 알맞은 내용 고르기

〔정답〕

1. ④ 2. ① 3. ③ 4. ②

〔해설〕

1. 텍스트의 주요 내용은, 레토르트 식품에 대한 잘못된 정보를 나열하며 바로잡아주고 있는 것이다. 그렇기 때문에 '④흔히 알고 있는 레토르트 식품에 대한 정보는 잘못 알려져 있다'가 텍스트의 주제로 적절하다고 할 수 있다.
2. 빈칸의 뒤에 언급되는 내용은 레토르트 식품에 대한 오해와 진실이므로 빈칸은 '①오해를 하고 있는 경우'가 들어가는 것이 적절하다.
3. 텍스트의 주요 내용은, 한국은 기대수명은 길지만 본인이 건강하다고 생각하는 비율은 OECD 최하

위이며, 건강수명 또한 기대수명과 차이가 커 병상에서 보내는 시간이 길다고 하였다. 이에 오래 사는 것만 중요한 것이 아니라, 그 삶을 건강하게 보내는 건강수명 또한 강조하고 있다. 이러한 글의 내용을 모두 아우를 수 있는 주제는 '③건강한 삶의 요건은 단순히 기대수명만 긴 것이 아니라, 건강수명 또한 긴 것이다'가 적절하다.

4. 빈칸의 앞에는 앞과 뒤의 내용이 반대일 때 사용하는 '–지만'이 등장하며, 빈칸의 뒤에는 한국인이 병상에서 사는 시간이 길다는 내용이 언급되고 있다. 따라서 빈칸에는 '②건강하지는 못하다'가 들어가는 것이 적절하다.

유형 17 문장이 들어갈 알맞은 곳 찾기 + 글을 읽고 같은 내용 고르기

〔정답〕

1. ④ 2. ④ 3. ④ 4. ③

〔해설〕

1. 〈보기〉는 가슴압박을 하는 방법에 대해서 설명하고 있으므로, 가슴압박을 시작한다는 것을 언급하는 문장과, 소방관이 오기 전까지 이를 반복한다는 문장 사이인 'ⓔ'에 오는 것이 자연스럽다.

2. ①심정지가 온 사람을 발견하면 명치를 피해 압박한다. ②주변에 도움을 요청할 때에는 119에 신고할 수 있도록 한다. ③길에서 사람이 쓰러지면 쓰러진 사람의 반응과 호흡 상태를 확인한다.

3. 〈보기〉는 지진이 일어났을 때 건물 안에서 숨는 방법에 대해 설명하고 있으므로, 지진이 일어났을 때 침착함을 유지해야 한다는 문장과, 밖으로 탈출하는 방법에 대해 언급하는 문장 사이인 'ⓔ'에 오는 것이 자연스럽다.

4. ①지진이 났을 때 엘리베이터를 타면 전력이 끊어져 사고로 이어질 수 있다. ②지진은 지하에 강한 충격이 가해졌을 때 발생한다. ④지진이 나면 주변을 최대한 건드리지 말고 빠르게 탈출해야 한다.

유형 18 글 쓴 목적 고르기 + 빈칸에 들어갈 알맞은 내용 고르기 + 필자의 태도 고르기

〔정답〕

1. ③ 2. ④ 3. ① 4. ③ 5. ① 6. ③

〔해설〕

1. 텍스트는 장기기증자수 확대 방안을 위해 유럽국가에서 시행 중인 옵트아웃제에 대하여 설명하고 있다.

2. 답가지는 모두 '–지만'으로 끝나기 때문에 빈칸의 앞뒤가 서로 상반되는 내용임을 알 수 있다. 빈칸 뒤에는 한국에서는 제도 도입의 논의가 어렵다고 언급하고 있기 때문에 빈칸 앞의 유럽국가에서는 제도가 시행되고 있음을 유추할 수 있다. 따라서 '④시행하고 있지만'이 적절하다.

3. 필자는 옵트아웃제의 도입을 위해 제도에 대한 사회적 공론화가 이루어져야 한다고 주장하고 있으므로, 한국에서 옵트아웃제에 대한 활발한 논의의 필요성을 제시하고 있다고 볼 수 있다.

4. 텍스트에 등장하는 '이렇게 죽음까지 이르게 하는 온열질환을 예방하는 방법은'과 같은 구절을 볼 때, 구절 앞에서는 온열질환의 위험성에 대해 언급하고 있고, 구절 뒤에서는 온열질환의 예방방법에 대해 설명하고 있다. 따라서 글을 쓴 목적은 온열질환의 위험성과 예방방법에 대한 설명이라고 볼 수 있다.

5. 빈칸 앞에서는 온열질환을 예방하는 방법에 대해 설명할 것을 언급하고 있고, 빈칸 뒤에서는 폭염 시 외출을 삼가고 실내온도를 바깥보다 낮게 유지하는 등의 방법을 설명하고 있다. 따라서 빈칸 안에 들어갈 내용은 '①고온의 환경을 피하는 것'이 적절하다.

6. 필자는 '조금만 자신의 몸 상태에 신경을 썼더라면 잃지 않아도 되었을 생명이었다'라는 구절에서 더위에 취약한 노인의 죽음에 대해 안타까워함을 알 수 있다.

TOPIK II

실전 모의고사

2-1 실전 모의고사 ❶ 쓰기

※ [51~52] 다음을 읽고 ㉠과 ㉡에 들어갈 말을 한 문장씩 쓰십시오. (각 10점)

51

받는 사람	이재정(korteach@hk.edu)
제　　목	선생님, 샤오밍입니다.

이재정 선생님께

안녕하세요? 샤오밍입니다.
지난주에 댁으로 초대해 주셔서 감사합니다.
선생님 덕분에 재미있는 시간을 보냈습니다.
이번에는 (　　㉠　　).
다음 주 월요일과 수요일 중 언제가 좋으십니까?
저는 (　　㉡　　).
편하신 오후 시간을 말씀해 주시면 감사하겠습니다.

샤오밍 올림

〈TOPIKⅡ 41회, 51번〉

52

사람의 손에는 눈에 보이지 않는 세균이 많다. 그래서 병을 예방하기 위해서는 자주 (　　㉠　　). 그런데 전문가들은 손을 씻을 때 꼭 (　　㉡　　). 비누 없이 물로만 씻으면 손에 있는 세균을 제대로 없애기 어렵기 때문이다.

〈TOPIKⅡ 47회, 52번〉

53 다음을 참고하여 '국내 외국인 유학생 현황'에 대한 글을 200~300자로 쓰십시오. 단, 글의 제목을 쓰지 마십시오. (30점)

외국인 유학생 현황

〈TOPIK Ⅱ 47회, 53번〉

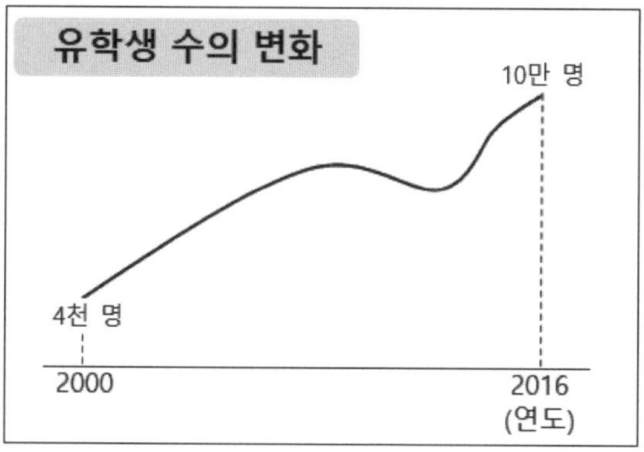

증가 원인	1. 한국 · 한국어에 대한 관심 2. 한국 대학의 유학생 유치 노력
기대	외국인 유학생 20만 명 (2023년)

54 다음을 주제로 하여 자신의 생각을 600~700자로 글을 쓰십시오. 단, 문제를 그대로 옮겨 쓰지 마십시오. (50점)

우리는 살면서 서로의 생각이 달라 갈등을 겪는 경우가 많다. 이러한 갈등은 의사소통이 부족해서 생기는 경우가 대부분이다. 의사소통은 서로의 관계를 유지하고 발전시키는 데 중요한 요인이 된다. '의사소통의 중요성과 방법'에 대해 아래의 내용을 중심으로 자신의 생각을 쓰라.

- 의사소통은 왜 중요한가?
- 의사소통이 잘 이루어지지 않는 이유는 무엇인가?
- 의사소통을 원활하게 하는 방법은 무엇인가?

〈TOPIK Ⅱ 52회, 54번〉

〔원고지 쓰기의 예〕

	우	리	는		기	분	이		좋	으	면		밝	은		표	정	을	
짓	는	다	.	그	리	고		기	분	이		좋	지		않	으	면		표

TOPIK II

실전 모의고사

2-2 실전 모의고사 ❶ 읽기

※ [1~2] (　　　)에 들어갈 가장 알맞은 것을 고르십시오. (각 2점)

1 내일 친구와 함께 놀이공원에 (　　　).

① 가는 편이다　　② 가는 중이다
③ 가기로 했다　　④ 간 적이 있다

〈TOPIK Ⅱ 47회, 1번〉

2 한국 친구 덕분에 한국 문화를 많이 (　　　).

① 알게 되었다　　② 알도록 했다
③ 알아도 된다　　④ 알아야 한다

〈TOPIK Ⅱ 60회, 2번〉

※ [3~4] 다음 밑줄 친 부분과 의미가 비슷한 것을 고르십시오. (각 2점)

3 계속 웃고 다니는 걸 보니 좋은 일이 <u>있나 보다</u>.

① 있는 척한다　　② 있을 뿐이다
③ 있을 지경이다　　④ 있는 모양이다

〈TOPIK Ⅱ 52회, 3번〉

4 아기가 자고 있어서 <u>깨지 않게</u> 조용히 방 안으로 들어갔다.

① 깨지 않는지　　② 깨지 않도록
③ 깨지 않더니　　④ 깨지 않느라

〈TOPIK Ⅱ 41회, 3번〉

※ [5~8] 다음은 무엇에 대한 글인지 고르십시오. (각 2점)

5

몸에 좋은 영양소가 가득~ 매일 아침 신선함을 마셔요!

① 과자　② 안경　③ 우유　④ 신발

〈TOPIK Ⅱ 60회, 5번〉

6

물놀이 용품 특별 세일 이 기회를 놓치지 마세요!

① 학원　② 마트　③ 사진관　④ 세탁소

〈TOPIK Ⅱ 47회, 6번〉

7

"엄마, 잘 다녀왔습니다." 참 반가운 한마디! 우리 아이 학교 다니는 길을 지켜 주세요.

① 교통 안전　② 전기 절약　③ 예절 교육　④ 환경 보호

〈TOPIK Ⅱ 41회, 7번〉

8

● 오후 1시까지 구매하면 그날 가져다드립니다. ● 주문이 많을 때는 늦어질 수 있습니다. - 행복마트 -

① 사용 설명　② 배달 안내　③ 이용 순서　④ 교환 방법

〈TOPIK Ⅱ 52회, 8번〉

※ [9~12] 다음 글 또는 도표의 내용과 같은 것을 고르십시오. (각 2점)

9

2015 청소년 과학 동아리 지원 사업

인주시가 여러분의 꿈과 희망을 응원합니다.

◎ 신청 대상 : 중 · 고등학생 5명 이상의 동아리
※ 교사 1명이 포함되어야 함

◎ 지원 금액 : 최대 200만 원

◎ 사업 기간 : 2015년 7월 1일 ~ 12월 31일

① 동아리 지원은 일 년 동안 계속된다.

② 동아리는 고등학생들로만 구성되어야 한다.

③ 동아리 활동비는 이백만 원까지 받을 수 있다.

④ 동아리 인원이 두세 명인 경우에도 신청할 수 있다.

〈TOPIK Ⅱ 41회, 9번〉

10

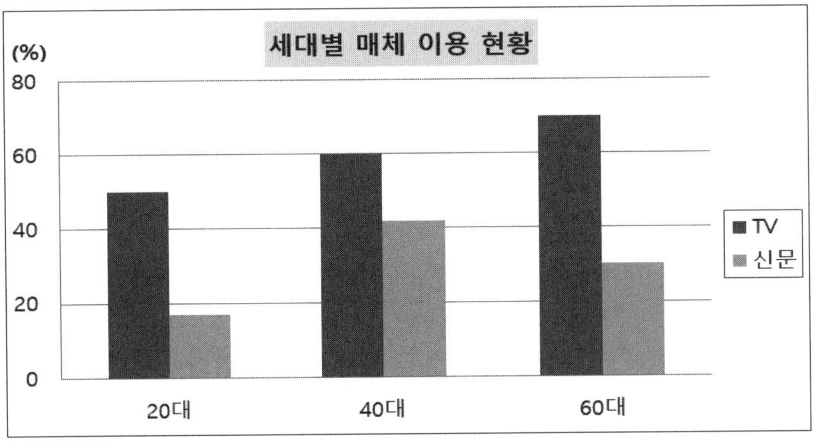

① 신문을 보는 사람의 비율은 20대와 60대가 같다.

② 모든 세대가 텔레비전보다 신문을 더 많이 본다.

③ 신문을 보는 사람의 비율은 60대가 40대보다 낮다.

④ 텔레비전을 보는 사람의 비율은 20대가 40대보다 높다.

〈TOPIK Ⅱ 47회, 10번〉

11

> 최근 한 아파트에서는 힘들게 일하는 택배 기사, 청소원 등을 위한 무료 카페를 열어서 화제가 되고 있다. 이 카페는 언제든 부담 없이 음료를 마시면서 쉴 수 있는 곳이어서 이용자들이 만족해하고 있다. 주민들은 처음에는 관심을 안 보였지만 지금은 음료와 간식을 제공하는 등 많은 도움을 주고 있다.

① 이 카페에 간식을 가져다주는 주민들이 생겼다.
② 카페를 열 때 아파트 주민들이 적극적으로 도왔다.
③ 이 카페는 아파트 주민들이 돈을 벌기 위해서 열었다.
④ 택배 기사들이 카페의 운영에 참여해 화제가 되고 있다.

〈TOPIK Ⅱ 60회, 12번〉

12

> 손을 움직이는 것은 뇌와 관련이 있다. 그래서 손을 자주 움직이면 뇌기능이 좋아질 수 있다. 특히 자주 사용하지 않는 손을 움직일 때 뇌가 더 효과적으로 자극될 수 있다. 평소에 오른손을 많이 쓴다면 왼손을, 왼손을 많이 쓴다면 오른손을 사용하는 것이다. 문을 열고 닫는 일처럼 간단한 일을 하는 것만으로도 뇌 기능을 유지하는 데 도움이 된다.

① 뇌 건강과 손을 움직이는 것은 서로 관계가 없다.
② 우리 몸과 달리 뇌는 간단한 일로 자극받지 않는다.
③ 뇌 활동을 위해 익숙한 방법으로 손을 쓰는 것이 더 좋다.
④ 자주 사용하지 않던 손을 사용하면 뇌 움직임이 활발해진다.

〈TOPIK Ⅱ 41회, 12번〉

※ [13~15] 다음을 순서대로 맞게 배열한 것을 고르십시오. (각 2점)

13

(가) 개와 고양이는 사이가 나쁜 것으로 유명하다.
(나) 개가 앞발을 드는 행동은 함께 놀고 싶다는 의미이다.
(다) 그런데 고양이는 이런 행동을 공격하는 것으로 오해하는 것이다.
(라) 둘 사이가 안 좋은 이유는 표현을 서로 다르게 받아들이기 때문이다.

① (가)-(라)-(나)-(다) ② (가)-(나)-(라)-(다)
③ (나)-(다)-(가)-(라) ④ (나)-(가)-(다)-(라)

〈TOPIK Ⅱ 52회, 13번〉

14

(가) 환경 보호를 위해 포장 없이 내용물만 판매하는 가게가 있다.
(나) 사람들이 용기에 든 물품을 사려면 빈 통을 준비해 가야 한다.
(다) 빈 통이 없는 사람들에게는 가게에서 통을 대여해 주기도 한다.
(라) 이 가게에서는 밀가루나 샴푸 등을 커다란 용기에 담아 놓고 판매한다.

① (가)-(나)-(라)-(다) ② (가)-(라)-(나)-(다)
③ (나)-(가)-(라)-(다) ④ (나)-(다)-(가)-(라)

〈TOPIK Ⅱ 60회, 13번〉

15

(가) 정부에 건의할 내용이 있을 때 이곳을 활용할 수 있다.
(나) 오늘날에는 '인터넷 신문고'가 이러한 역할을 하고 있다.
(다) 과거에는 '신문고'라는 북을 설치해서 국민의 생각을 들었다.
(라) 이렇게 시대는 달라져도 국가가 국민의 생각을 들으려는 노력은 계속된다.

① (나)-(다)-(가)-(라) ② (나)-(라)-(다)-(가)
③ (다)-(나)-(가)-(라) ④ (다)-(라)-(나)-(가)

〈TOPIK Ⅱ 41회, 15번〉

※ [16~18] 다음을 읽고 (   )에 들어갈 내용으로 가장 알맞은 것을 고르십시오. (각 2점)

16

특별한 사건 없이 주인공의 단순하고 반복적인 일상을 다룬 한 영화가 인기를 끌고 있다. 주인공이 하루하루를 평범하게 보낼 뿐 별다른 일을 하지 않는데도 관객들은 영화에 빠져든다. 관객들은 그동안 잊고 지냈던 일상의 기쁨을 새삼 깨닫는 것이다. 그리고 행복은 크고 거창한 꿈에만 있는 것이 아니라 (   ) 일에서도 찾을 수 있음을 발견한다.

① 스스로 인정하지 않는 ② 현실 속의 작고 소소한
③ 평소 자주 하지 못하는 ④ 일상에서 하기 쉽지 않은

〈TOPIK Ⅱ 60회, 17번〉

17

사람들은 일반적으로 쓴맛을 꺼린다. 이것은 (   ) 본능과 관계가 있다. 식물 중에는 독성이 있어 몸에 해로운 것들이 있다. 그런데 이런 독이 있는 식물은 보통 쓴맛이 난다. 따라서 사람들은 무의식적으로 쓴맛이 나는 것을 위험하다고 여기고 이를 거부하게 되는 것이다.

① 지나친 과식을 피하려는 ② 자신의 몸을 보호하려는
③ 맛없는 음식을 멀리하려는 ④ 입맛이 변하는 것을 막으려는

〈TOPIK Ⅱ 52회, 16번〉

18

동양에서는 우리 몸에 흐르는 에너지를 '기'라고 한다. 한의학에서는 기가 잘 흐르는 사람을 건강한 사람으로 생각한다. 그리고 기가 잘 흐르지 않거나 막혀 있는 사람은 병에 걸리기 쉽다고 한다. 기가 막혀 병에 걸린 사람들은 한의학에서는 바늘처럼 생긴 침을 이용하여 치료한다. 침은 기가 막힌 곳을 자극해 (   ) 한다.

① 기의 흐름을 원활하게 ② 기의 방향을 확인하게
③ 환자의 질병을 예방하게 ④ 환자의 통증을 진단하게

〈TOPIK Ⅱ 41회, 18번〉

※ [19~20] 다음 글을 읽고 물음에 답하십시오. (각 2점)

> 인터넷으로 회원 가입을 할 때 설정하는 비밀번호는 초기에는 숫자 네 개면 충분했다. 하지만 최근에는 보안 강화를 위해 특수 문자까지 넣어 만들어야 한다. (   ) 비밀번호 변경도 주기적으로 해야 한다. 이 때문에 가입자는 번거로운 것은 물론이고 자주 바뀌는 비밀번호를 기억하지 못해 스트레스를 받는다. 개인 정보 보호를 가입자에게만 요구하지 말고 기업도 보안 기술 개발에 적극 투자해야 한다.

19 (   )에 들어갈 알맞은 것을 고르십시오.

① 그러면　　② 게다가　　③ 반면에　　④ 이처럼

20 위 글의 내용과 같은 것을 고르십시오.

① 가입자는 비밀번호 변경으로 스트레스를 받는다.
② 초기의 비밀번호는 숫자 네 개로는 만들 수 없었다.
③ 가입자는 기업에 비밀번호 설정을 까다롭게 요구한다.
④ 비밀번호 설정 시에 숫자와 문자 중 하나를 선택해야 한다.

〈TOPIK Ⅱ 52회, 19/20번〉

※ [21~22] 다음 글을 읽고 물음에 답하십시오. (각 2점)

최근 동물 대신 식물을 키우려는 사람들이 늘고 있다. 동물은 돌보려면 많은 시간과 비용이 드는 데 비해 식물은 키우기도 쉽고 실내 공기도 깨끗하게 해주기 때문이다. 또한 식물은 이웃과 (   ) 지내는 많은 현대인들에게 외로움을 달래 주거나 정서적으로 위안을 주기도 한다. 이처럼 식물을 삶의 동반자로 생각하는 사람들이 늘면서 '반려식물'이라는 신조어까지 생겼다.

21 (   )에 들어갈 알맞은 것을 고르십시오.

① 담을 쌓고
② 못을 박고
③ 머리를 맞대고
④ 고개를 숙이고

22 위 글의 중심 생각을 고르십시오.

① 동물을 돌보는 데에 시간과 비용이 많이 든다.
② 삶의 반려자로 식물을 찾는 사람들이 늘고 있다.
③ 식물을 키우면 실내 공기를 깨끗하게 할 수 있다.
④ 정서적 안정을 위해 반려동물을 키우는 것이 좋다.

〈TOPIK II 47회, 21/22번〉

※ [23~24] 다음 글을 읽고 물음에 답하십시오. (각 2점)

할머니를 시골에 두고 혼자 서울로 올라오는 발걸음은 가볍지 않았다. 하지만 무거웠던 마음은 며칠 가지 않았다. 할머니는 날마다 전화를 하더니 급기야 서울로 올라오시고 말았다. 할머니의 손자 사랑은 어쩔 수 없나 보다. 할머니는 청소며 빨래며 나에게는 안 보이던 온갖 집안일들을 찾아서 하기 시작했다. 그냥 쉬다가 내려가시라고 아무리 말해도 들은 척도 하지 않았다. 서른이 넘은 나는 할머니가 보기엔 여전히 아이에 불과했다. 서울살이 몇 주 만에 낯선 동네에서 친구까지 사귄 할머니는 친구를 따라 시장에 갔다가 넘어지시고 말았다. 병원에서 온 연락을 받고 걱정이 되어 정신없이 달려갔더니 할머니는 같은 병실 사람들을 모아 놓고 환하게 웃으며 이야기하고 있었다. 다리에 붕대를 감고서 말이다. 그 광경을 보고 난 할 말을 잃었다.

23 밑줄 친 부분에 나타난 나의 심정으로 알맞은 것을 고르십시오.

① 답답하다
② 후련하다
③ 민망하다
④ 번거롭다

24 이 글의 내용과 같은 것을 고르십시오.

① 할머니께서는 내 말에 자주 귀를 기울이셨다.
② 할머니께서는 시장에 갔다가 다리를 다치셨다.
③ 할머니께서는 나에게 온갖 집안일을 시키셨다.
④ 할머니께서는 친구를 만나려고 서울에 올라오셨다.

〈TOPIK II 41회, 23/24번〉

※ [25~27] 다음 신문 기사의 제목을 가장 잘 설명한 것을 고르십시오. (각 2점)

25

놀이공원, 수익에만 치중 이용객 안전은 뒷전

① 놀이공원의 이용객들은 놀이공원에 안전시설 점검을 요구했다.
② 놀이공원이 이용객의 안전을 중시하기 시작한 후 수익이 증가했다.
③ 놀이공원이 수익은 중요시하고 이용객의 안전은 중요시하지 않고 있다.
④ 놀이공원은 수익이 감소해 이용객의 안전에 더 이상 투자하기 어려워졌다.

〈TOPIK Ⅱ 60회, 26번〉

26

배추 생산 과잉, 농민들 한숨

① 배추의 생산량이 부족하여 농민들이 실망했다.
② 배추 농사가 잘되어 농민들이 희망에 차 있다.
③ 배추가 적게 생산되어 농민들의 기대감이 낮아졌다.
④ 배추가 필요 이상으로 생산되어 농민들이 힘들어한다.

〈TOPIK Ⅱ 47회, 27번〉

27

불황에도 포도주 소비 '껑충', 불붙은 판매 경쟁

① 불황에도 업체 간 경쟁 때문에 포도주의 소비가 늘었다.
② 불황에도 포도주 판매 감소 때문에 포도주의 소비가 줄었다.
③ 불황에도 과도한 판매 경쟁 때문에 포도주의 공급이 증가했다.
④ 불황에도 포도주 소비 증가 때문에 포도주의 판매 경쟁이 심해졌다.

〈TOPIK Ⅱ 41회, 26번〉

※ [28~31] 다음을 읽고 (   )에 들어갈 내용으로 가장 알맞은 것을 고르십시오. (각 2점)

28

"지구가 아파요!"라는 문구가 새겨진 티셔츠나 잘려 나간 나무가 그려진 가방 등을 구매하는 사람들이 증가하고 있다. 사람들은 그 상품이 (   ) 때문에 구매를 한다. 그들은 구매한 물건을 일상에서 사용함으로써 사회 문제에 대한 입장을 표현한다. 그리고 주변 사람들이 그 상품을 보고 거기에 담긴 메시지에 대해 관심을 갖도록 한다.

① 세련되게 디자인되었기
② 천연 소재로 만들어졌기
③ 본인의 체형을 보완해 주기
④ 자신의 가치관을 드러낼 수 있기

〈TOPIKⅡ 60회, 29번〉

29

한 연구에 따르면 과거에 비해 요즘 사람들의 손톱이 더 빨리 자란다고 한다. 80년 전 사람들은 손톱이 한 달에 3mm 정도 자랐지만 최근에는 그보다 길게 3.5mm 정도 자란다는 것이다. 손톱 주변을 (   ) 세포 활동이 활발해져 손톱이 더 빨리 자란다. 연구팀은 최근 컴퓨터나 휴대전화의 자판을 누르는 등 손가락 끝을 사용하는 일이 많아지면서 손톱이 자라는 것에 영향을 준 것으로 보았다.

① 깨끗하게 관리하면
② 감싸서 보호해 주면
③ 자극하는 활동을 하면
④ 건조하지 않게 해 주면

〈TOPIKⅡ 52회, 28번〉

30

전자레인지는 보통 음식을 따뜻하게 데울 때 사용된다. 그런데 전자레인지는 직접 열을 가하는 것이 아니라 음식에 포함된 물 분자의 움직임을 이용하여 음식을 데운다. 음식물에 전자레인지의 전자파가 닿으면 음식물 안에 있는 물 분자들이 진동하면서 열이 발생하는 것이다. 한편 얼음은 전자레인지의 전자파가 닿아도 녹지 않는다. 얼음 속의 물 분자가 얼어 있어서 (   ) 때문이다.

① 부피가 커지기
② 결합이 안 되기
③ 움직이지 못하기
④ 열을 모두 반사하기

〈TOPIKⅡ 52회, 30번〉

31

아이에게 맞는 색이 있다. 그래서 색을 (   ) 활용하는 것이 좋다. 예를 들어 소극적인 아이에게는 밝고 따뜻한 색으로 방을 꾸며 주는 것이 좋다. 빨간 꽃그림이 있는 책장으로 아이 방을 장식하면 경쾌한 느낌을 주어 아이의 감정을 밝게 해 줄 수 있기 때문이다. 반대로 아이의 성격이 공격적이라면 초록색이 잘 맞는다. 초록색은 편안한 분위기를 연출하여 마음을 차분하게 가라앉혀 줄 수 있다.

① 방의 구조에 맞게
② 장식에 따라 다르게
③ 아이의 성향에 맞게
④ 그림의 특성이 나타나게

〈TOPIKⅡ 47회, 28번〉

※ [32~34] 다음을 읽고 내용이 같은 것을 고르십시오. (각 2점)

32

눈물은 약 98%가 물로 이루어져 있다. 나머지 성분은 눈물을 흘리는 상황에 따라 달라진다. 먼지 같은 외부의 물리적 자극 때문에 흘리는 눈물에는 세균에 저항할 수 있는 단백질이 포함되어 있다. 슬플 때 흘리는 눈물에는 항균 물질뿐만 아니라 스트레스로 인해 체내에 쌓인 물질도 들어 있다. 그래서 슬플 때 울고 나면 신체에 해로운 물질이 몸 밖으로 나가 기분이 나아진 것 같은 느낌을 받는다.

① 눈물 속에 있는 단백질은 기분을 좋게 만든다.
② 슬퍼서 흘리는 눈물에는 항균 물질이 빠져 있다.
③ 슬플 때 흘리는 눈물 속에는 몸에 나쁜 물질이 포함되어 있다.
④ 물리적 자극으로 흘리는 눈물이 슬플 때의 눈물보다 성분이 더 다양하다.

〈TOPIK Ⅱ 60회, 33번〉

33

최근 시간과 비용을 들여 멀리 여행을 떠나는 대신 집에서의 휴식을 중요하게 생각하는 사람들이 늘고 있다. 이러한 사람들은 휴식의 편의를 위해 거실이나 욕실을 새롭게 고쳐 쓰는 등 집을 휴식의 공간으로 꾸미는 데 관심이 많다. 그리고 편안한 휴식을 즐기기 위해 고가의 안락의자나 침대를 구입하는 데도 지출을 아끼지 않는다. 이렇게 사람들의 집에 대한 인식이 단순히 쉬는 공간에서 질 높은 휴식을 위한 공간으로 바뀌고 있다.

① 사람들은 휴식의 질보다는 휴식의 편의를 추구한다.
② 휴식을 위해 여행을 떠나는 사람들이 증가하고 있다.
③ 사람들을 가구를 구입하는 데에 큰 비용을 들이지 않는다.
④ 휴식을 위해 집의 공간을 고쳐 쓰는 사람들이 많아지고 있다.

〈TOPIK Ⅱ 47회, 33번〉

34

> 정부는 환자의 의약품 처방 이력을 제공하는 '의약품 안전 사용 서비스'를 실시하고 있다. 이 제도는 의료 기관에서 의약품을 처방하기 전에 환자가 다른 기관에서 어떤 약을 처방받았는지 온라인으로 점검하도록 하는 것이다. 함께 먹으면 안 되는 약이나 같은 약이 여러 번 처방될 경우 생기는 부작용을 방지하려는 목적이다. 이 제도를 통한 적절한 의약품 처방이 국민의 건강 증진에 도움이 될 것으로 기대된다.

① 이 제도를 온라인에서 이용할 수 있도록 할 예정이다.
② 환자들은 의약품을 처방받기 전에 이 제도를 이용해야 한다.
③ 환자들은 의료 기관에 방문하지 않고 의약품을 처방받을 수 있다.
④ 의약품의 부적절한 처방을 예방하기 위해 이 제도가 시행되고 있다.

〈TOPIK II 52회, 34번〉

※ [35~38] 다음 글의 주제로 가장 알맞은 것을 고르십시오. (각 2점)

35

> 현대인들은 통계를 이용해 실상을 파악하는 경우가 많다. 하지만 통계가 절대적인 사실을 반영하는 것만은 아니다. 예컨대 오이의 가격이 1월에 1,000원이고 2월에 3,000원이며 현재 2,000원이라고 가정해 보자. 현재의 오이 값을 통계에 근거해서 평가할 때 1월을 기준으로 하면 물가가 큰 폭으로 오른 것이 되고 2월을 기준으로 삼으면 대폭 하락한 것으로 이해될 수 있는 것이다.

① 통계 수치에 근거하면 실상을 파악할 수 있다.
② 현실이 반영되지 않는 통계 수치는 무의미하다.
③ 통계를 통해 물가 상승률과 하락률을 알 수 있다.
④ 통계는 기준 설정에 따라 다양하게 해석될 수 있다.

〈TOPIK II 52회, 35번〉

36

> 혼자 사는 사람들이 많아지면서 외로움을 이겨내는 '고독력'이 주목을 끌고 있다. 고독력이란 홀로 있는 시간을 즐기고 창의적으로 활용하는 능력을 말한다. 이러한 능력을 기르기 위해서는 남의 시선에 얽매이지 않고 외로움과 마주 서는 연습을 해야 한다. 외로움을 받아들이지 못하면 분노와 적개심이 쌓일 수 있고, 외로움 속에 스스로를 고립시켜 우울증에 걸리기도 한다. 따라서 무엇보다 외로움을 두려워하지 않는 태도가 우선되어야 한다.

① 남의 시선이 두려워 홀로 지내면 우울증에 걸릴 수 있다.
② 혼자 사는 것이 시간을 창의적으로 활용할 수 있는 방법이다.
③ 고독력을 기르기 위해서는 외로움을 받아들이는 연습이 필요하다.
④ 혼자 사는 사람들은 분노와 적개심이 쌓이는 것을 주의해야 한다.

〈TOPIK Ⅱ 47회, 37번〉

37

> 메일을 쓰거나 문자 메시지를 주고받을 때 이모티콘을 통해 감정을 표시한다. 초창기 문자나 얼굴 표정 위주에서 발전해 만화 인물을 활용하여 소리를 내기도 하고, 움직임을 더해 웃음을 유발하기도 한다. 1980년대 초 이모티콘이 처음 생긴 이래 끊임없이 진화를 계속하고 있는 것이다. 언어 표현력을 퇴보시킨다는 일부의 비판에도 불구하고 이제 이모티콘은 없어서는 안 될 또 하나의 언어로 자리매김 되었다고 할 수 있다.

① 초창기 이모티콘은 대부분 얼굴 표정을 나타내는 것이었다.
② 이모티콘은 감정을 표현하는 또 하나의 언어로 자리 잡았다.
③ 이모티콘의 지속적인 사용은 언어 표현력을 떨어뜨릴 수 있다.
④ 이제는 이모티콘이 없으면 메시지를 주고받기 어려울 정도이다.

〈TOPIK Ⅱ 41회, 35번〉

38

초소형 카메라는 의료용 및 산업용으로 만들어져 각 현장에서 유용하게 사용되고 있다. 그러나 원래의 목적에 맞지 않게 타인의 신체를 몰래 촬영하는 용도로 악용되는 사례가 늘고 있다. 이러한 악용을 원천적으로 방지하기 위해서는 신상 정보를 등록해야만 카메라의 판매 및 유통이 가능하도록 법적 규제를 강화할 필요가 있다.

① 의료용 및 산업용 초소형 카메라의 사용처를 확대해야 한다.
② 초소형 카메라가 더 유용하게 사용될 수 있도록 개발해야 한다.
③ 초소형 카메라가 악용되는 것을 막기 위한 대책이 마련되어야 한다.
④ 원활한 판매 및 유통을 위해 초소형 카메라의 등록 과정을 간소화해야 한다.

〈TOPIK Ⅱ 60회, 35번〉

※ [39~41] 다음 글에서 〈보기〉의 문장이 들어가기에 가장 알맞은 곳을 고르십시오. (각 2점)

39

어떤 역사적 사건이나 실존 인물의 실화에 작가의 상상력을 보태어 새로운 이야기로 풀어내는 글쓰기 방식이 있다. (㉠) 사실과 허구가 결합되는 이런 방식은 처음에는 주로 소설 쓰기의 한 기법으로 사용되었는데, 이제는 영화, 드라마 등 대중문화계 전체로 확산되어 큰 인기를 끌고 있다. (㉡) 그런데 한 편에서는 역사적 사실에 허구를 덧붙이는 것에 대해 우려를 표시하고 있다. (㉢) 상상력으로 표현된 허구를 실제 역사라고 믿을 수 있기 때문이다. (㉣)

〈 보 기 〉
딱딱한 역사를 허구가 더해진 이야기로 풀어내 쉽고 재미있게 대중들에게 다가갈 수 있었던 것이다.

① ㉠ ② ㉡ ③ ㉢ ④ ㉣

〈TOPIK Ⅱ 47회, 41번〉

40

한 연구팀이 냄새가 나지 않는 무취 상태의 조건을 알아냈다. (㉠) 사람의 코는 다양한 냄새 중에 농도가 짙은 것 위주로 냄새를 맡는다. (㉡) 그런데 서로 다른 냄새 입자를 동일한 양으로 섞으면 사람의 코는 냄새가 거의 나지 않는 것처럼 느낀다는 것이다. (㉢) 여기에서 착안해 악취를 없애는 기술을 연구하고 있다. (㉣) 이 기술이 개발되면 심한 악취 환경에서 작업하는 사람들의 어려움을 줄여 줄 수 있을 것이다.

〈보 기〉
악취에 동일한 양의 다른 냄새들을 더해 악취를 느끼지 못하게 하는 것이 목표이다.

① ㉠　　② ㉡　　③ ㉢　　④ ㉣

〈TOPIKⅡ 52회, 39번〉

41

(㉠) '메디치 효과'는 서로 관련 없는 분야가 결합해 전에 없던 창의적인 결과를 창출하는 현상을 말한다. (㉡) 당시 메디치 가문은 서로 다른 역량을 가진 예술가와 학자들의 공동 작업을 후원했다. 그 결과로 피렌체 지역의 문화 수준이 한층 높아졌다. (㉢) 혁신적인 기술과 예술가의 품격 있는 디자인이 만나는 사례는 국내에서도 찾아볼 수 있다. (㉣) 그 예로 인주전자의 최첨단 기술과 유럽의 명품 디자인사가 공동 출시한 '엔젤폰'이 있다.

〈보 기〉
이 용어는 르네상스의 탄생과 발전에 큰 역할을 했던 메디치라는 가문의 이름에서 유래되었다.

① ㉠　　② ㉡　　③ ㉢　　④ ㉣

〈TOPIKⅡ 41회, 40번〉

※ [42~43] 다음을 읽고 물음에 답하십시오. (각 2점)

예쁘고 멋쟁이인 박영은 선생님을 새 담임으로 맞이한 것은 우리 모두에게 가슴 떨리는 일이었다. 먼젓번 담임 선생님의 말은 죽어라고 안 듣던 말썽꾸러기들이 박 선생님 앞에서는 고개도 제대로 못 들고 수줍어했다. 우리 반은 당장 전교에서 제일 말 잘 듣고 가장 깨끗한 반이 되었다. 나도 박 선생님에게 잘 보이고 싶은 마음이 태산 같았지만 늘 그렇듯이 머리가 따라 주지를 않았다. 아마 이번 시험에서도 모든 과목이 50점을 넘지 못했을 것이다. 아이들이 모두 떠난 교실에서 나는 몸을 비비 꼬며 창밖에서 놀고 있는 아이들에게 시선을 주고 있었다. (중략) 선생님이 마침내 입을 연 것은 20분이나 시간이 지나서였다. (중략)

"동구를 가만히 보면, 아는데 말을 못하는 적도 많은 것 같아. 그러다 보니 자신감도 없어지고."

나의 간지럽고 아픈 부분을 이렇게나 간결하게 짚어 준 사람이 내 인생에 또 있으랴. 공부 못하는 죄를 추궁당하는 것이 아니라 공부 못 하는 서러움을 이해받는 것은 생애 처음 있는 일이었다. 안 그래도 물러 터진 내 마음은 완전히 물에 만 휴지처럼 흐물흐물해져서, 예쁘고 멋진 데다 현명하기까지 한 박 선생님 앞에서 때 아닌 눈물까지 한 방울 선을 보일 뻔했다.

42 밑줄 친 부분에 나타난 '나'의 심정으로 알맞은 것을 고르십시오.

① 난처하다　　② 담담하다
③ 감격스럽다　　④ 의심스럽다

43 위 글의 내용과 같은 것을 고르십시오.

① 나는 담임 선생님께 인정을 받고 싶다.
② 반 아이들은 요즘 교실 청소를 잘 하지 않는다.
③ 반 아이들은 예전 담임 선생님 말을 잘 들었다.
④ 담임 선생님은 내가 공부를 못 해서 화를 내셨다.

〈TOPIK Ⅱ 52회, 42/43번〉

※ [44~45] 다음을 읽고 물음에 답하십시오. (각 2점)

최근 한국 기업들이 국내외에서 그 경쟁력을 인정받고 있다. 이들 기업들이 국내외에서 성공할 수 있는 이유는 빠른 경영 방식, 일사불란한 리더십 등 한국적 기업 운영 방식에서 찾을 수 있다. 다만 한국 기업들이 앞으로도 계속해서 발전해 나가기 위해서는 한국인이 가진 장점을 최대화하고 약점을 보완할 수 있는 경영 방식이 필요하다. 즉, 한국인만이 가질 수 있는 (　　　　　　) 필요가 있다. 그렇다면 한국인의 고유한 특성은 무엇인가? 많은 사람들은 '빨리빨리' 문화를 떠올린다. '빨리빨리' 문화는 참을성이 없고 급한 성격의 부정적인 의미로 여겨져 왔다. 그러나 현대 사회에서는 이것이 오히려 강점이 될 수 있다. 즉, 현대 사회가 하루가 다르게 변화하고 있어 '빨리빨리' 적응하는 것이 성공에 유리하기 때문이다.

44 이 글의 주제로 알맞은 것을 고르십시오.

① 한국 기업들은 급변하는 시대에 잘 적응하고 있다.
② '빨리빨리' 문화는 한국인에게만 나타나는 국민성이다.
③ 한국 기업은 단점을 드러내지 않으려고 하는 경향이 있다.
④ 한국인의 '빨리빨리' 문화는 기업 발전의 긍정적 요인이 될 수 있다.

45 (　　　　)에 들어갈 내용으로 가장 알맞은 것을 고르십시오.

① 상징적 의미를 만들
② 부정적 인식을 바꿀
③ 차별적 경쟁력을 갖출
④ 보편적 리더십을 추구할

〈TOPIKⅡ 41회, 44/45번〉

※ [46~47] 다음을 읽고 물음에 답하십시오. (각 2점)

무인 소형 비행기 '드론'의 대중화에 대한 우려의 목소리에도 불구하고, 국토교통부는 최근 드론을 활용하는 신산업 분야에 투자하기로 결정하였다. (㉠) 정부에서 이처럼 드론 산업을 적극 지원하는 이유는 이 기술을 적용할 수 있는 분야가 무궁무진하기 때문이다. (㉡) 국토 조사를 비롯하여 재해 감시, 인명 구조 활동, 물품 수송, 통신망을 활용한 정보 전달, 여가 활동에 이르기까지 모두 드론 기술의 활용이 가능하다.

(㉢) 그러나 이번 투자 결정에 따라 드론 산업이 정부 주도로 본격화됨으로써 드론의 대중화 시기가 한층 앞당겨질 것으로 기대된다. (㉣) 하지만 여전히 사생활 침해와 테러 위험 등의 보안 문제는 드론이 대중화되기 위해 넘어야 할 큰 산이다. 따라서 정부는 드론 활용 기술에 대한 투자 못지않게 드론의 악용과 위험성을 최소화하는 기술에 대한 투자에도 소홀하지 않아야 한다.

46 위 글에서 〈보기〉의 글이 들어가기에 가장 알맞은 것을 고르십시오.

〈 보 기 〉

이런 밝은 전망과 달리 사실 드론 산업은 드론 사용의 위험성에 대한 문제 제기로 인해 그동안 번번이 좌절을 겪어 왔다.

① ㉠ ② ㉡ ③ ㉢ ④ ㉣

47 위 글의 내용과 같은 것을 고르십시오.

① 드론 활용 및 악용 방지 기술에 대한 투자가 병행되고 있다.

② 드론의 안전성 검증에 대한 필요성이 꾸준히 제기되어 왔다.

③ 정부의 투자 결정으로 드론의 대중화를 둘러싼 논란이 잠잠해졌다.

④ 정부가 드론 기술에 관심을 보임에 따라 드론 산업이 가속화되었다.

〈TOPIK Ⅱ 47회, 46/47번〉

※ [48~50] 다음을 읽고 물음에 답하십시오. (각 2점)

> 특허법은 독창적인 기술을 최초로 발명한 사람에게 기술에 대한 독점적 사용권을 부여하는 대신 그 기술을 사회에 공개할 의무를 부과한다. 공개된 기술 공유를 통해 사회 전체의 기술력을 높이는 것이 특허의 취지이다. 이런 취지에 부합하여 실제로 특허 제도는 기술 혁신과 산업 발전에 크게 이바지해왔다. 그런데 최근 들어 특허의 본래 취지가 변질되어 기술 개발보다 독점권 확보를 우선하는 현상이 두드러지게 나타나고 있다. (   ) 상태에서 마구잡이 특허 출원으로 권리부터 선점해 놓고 기술을 개발하려는 경우가 비일비재한 것이다. 이 때문에 정작 신기술 개발에 힘들게 성공한 사람들의 권리를 확보하지 못하는 경우가 자주 발생하곤 한다. 특허는 발명의 대가로 당연히 보호받을 가치가 있다. 하지만 그것은 기술 개발에 성공해 사회 발전에 공헌하는 경우에 한해서이다. 무분별한 특허 출원으로 기술 발전을 저해한다면 이는 특허가 가진 본래의 취지를 훼손하는 것이다.

48 위 글을 쓴 목적으로 알맞은 것을 고르십시오.

① 특허 심사 절차를 설명하기 위해서
② 특허권의 필요성을 역설하기 우해서
③ 특허의 실질적 가치를 분석하기 위해서
④ 특허 출원 남용의 문제를 제기하기 위해서

49 (   )에 들어갈 내용으로 가장 알맞은 것을 고르십시오.

① 특허가 만료되지 않은
② 신기술을 특허로 인정받은
③ 기술이 완벽하게 개발되지 않은
④ 기존의 기술과 차별성을 확인한

50 밑줄 친 부분에 나타난 필자의 태도로 알맞은 것을 고르십시오.

① 특허 출원 감소를 심각하게 우려하고 있다.
② 특허권자의 독점권을 강하게 옹호하고 있다.
③ 특허 제도의 정책적 보완을 강력히 요구하고 있다.
④ 특허 제도가 사회에 기여한 바를 높이 평가하고 있다.

〈TOPIK Ⅱ 52회, 48/49/50번〉

TOPIK II

실전 모의고사

2-3 실전 모의고사 ❷ 쓰기

[51~52] 다음을 읽고 ㉠과 ㉡에 들어갈 말을 각각 한 문장으로 쓰십시오. (각 10점)

51

E-mail	
제　목	선배님, 빅토르입니다.

2016.7.12.

선배님, 안녕하십니까? 빅토르입니다.
부탁드릴 일이 있어 메일을 씁니다.
제가 인터넷으로 (　　㉠　　)...
그런데 카메라가 이번 주 금요일에 배달된다고 합니다.
제가 그날 고향에 가야 해서 카메라를 직접 받을 수 없을 것 같습니다.
혹시 저 대신에 (　　㉡　　)?
어려운 부탁을 드려서 죄송합니다.
그럼 답장 기다리겠습니다.
빅토르 드림

〈TOPIK Ⅱ 47회, 51번〉

52

우리는 기분이 좋으면 밝은 표정을 짓는다. 그리고 기분이 좋지 않으면 표정이 어두워진다. 왜냐하면 (　　㉠　　). 그런데 이와 반대로 표정이 우리의 감정에 영향을 주기도 한다. 그래서 기분이 안 좋을 때 밝은 표정을 지으면 기분도 따라서 좋아진다. 그러므로 우울할 때일수록 (　　㉡　　) 것이 좋다.

〈TOPIK Ⅱ 52회, 52번〉

53 다음을 참고하여 '아이를 꼭 낳아야 하는가'에 대한 글을 200~300자로 쓰시오. 단, 글의 제목은 쓰지 마시오. (30점)

- **조사 기관 : 결혼문화연구소**
- **조사 대상 : 20대 이상 성인 남녀 3,000명**

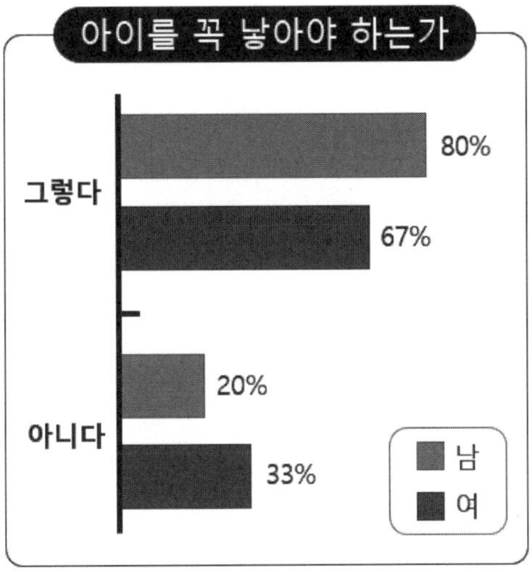

'아니다'라고 응답한 이유

	남	여
1위	양육비 부담	자유로운 생활
2위	자유로운 생활	직장생활 유지

〈TOPIK Ⅱ 52회, 53번〉

54 다음을 주제로 하여 자신의 생각을 600~700자로 글을 쓰십시오. 단, 문제를 그대로 옮겨 쓰지 마십시오. (50점)

'칭찬은 고래도 춤추게 한다'는 말처럼 칭찬에는 강한 힘이 있습니다. 그러나 칭찬이 항상 긍정적인 영향을 주는 것은 아닙니다. 아래의 내용을 중심으로 칭찬에 대한 자신의 생각을 쓰십시오.

- 칭찬이 미치는 긍정적인 영향은 무엇입니까?
- 부정적인 영향은 무엇입니까?
- 효과적인 칭찬의 방법은 무엇입니까?

〈TOPIK Ⅱ 47회, 54번〉

〔원고지 쓰기의 예〕

	우	리	는		기	분	이		좋	으	면		밝	은		표	정	을	
짓	는	다	.	그	리	고		기	분	이		좋	지		않	으	면		표

TOPIK II

실전 모의고사

2-4 실전 모의고사 ❷ 읽기

※ [1~2] (　　　)에 들어갈 가장 알맞은 것을 고르십시오. (각 2점)

1 형은 차가워 (　　　) 마음은 따뜻하다.

① 보여도　　② 보여야
③ 보이다가　　④ 보이든지

〈TOPIK Ⅱ 41회, 1번〉

2 무슨 일을 (　　　) 열심히 하는 것이 중요하다.

① 하든지　　② 하도록
③ 하다가　　④ 하더니

〈TOPIK Ⅱ 52회, 2번〉

※ [3~4] 다음 밑줄 친 부분과 의미가 비슷한 것을 고르십시오. (각 2점)

3 한국어 실력을 늘리고자 한국 신문과 방송을 자주 봤다.

① 늘리기 위해서　　② 늘리기 무섭게
③ 늘리는 대신에　　④ 늘리는 반면에

〈TOPIK Ⅱ 41회, 4번〉

4 다음 주가 개강이니 방학도 다 끝난 거나 마찬가지이다.

① 끝난 셈이다　　② 끝난 탓이다
③ 끝나기 마련이다　　④ 끝나기 나름이다

〈TOPIK Ⅱ 52회, 4번〉

※ [5~8] 다음은 무엇에 대한 글이지 고르십시오. (각 2점)

5

비타민이 가득! 하루 필요한 야채가~ 이 한 병에!

① 주스　② 콜라　③ 우유　④ 커피

〈TOPIK Ⅱ 47회, 5번〉

6

안정된 내일을 위하여! 고객님의 지갑을 소중히 생각하겠습니다.

① 병원　② 은행　③ 가게　④ 학원

〈TOPIK Ⅱ 41회, 6번〉

7

세계로! 미래로! 대한자동차와 함께 성장해 나갈 여러분을 기다립니다.

① 사원 모집　② 여행 소개　③ 제품 설명　④ 판매 안내

〈TOPIK Ⅱ 41회, 8번〉

8

1. 기한 : 2016년 8월 19일(금) 17:00까지 2. 서류 : 원서 1부, 사진 파일 3. 관련 서류는 이메일로 보내 주십시오.

① 구입 안내　② 접수 방법　③ 등록 문의　④ 주의 사항

〈TOPIK Ⅱ 47회, 8번〉

※ [9~12] 다음 글 또는 도표의 내용과 같은 것을 고르십시오. (각 2점)

9

> **2017 도서 신청 안내**
> 필요한 도서를 신청하십시오.
>
> ◎ 신청 기간 : 4월 17일(월) ~ 4월 30일(일)
> ◎ 신청 방법 : 도서관 홈페이지
> ◎ 1인 10권 이내 신청 가능 (잡지, 어학 교재 제외)
> ※책이 도착하면 이메일로 알려 드립니다.

① 신청할 수 없는 책 종류가 있다.
② 책이 도착하면 전화로 연락해 준다.
③ 사월 한 달 동안 도서 신청을 받는다.
④ 필요한 책은 이메일로 신청을 해야 한다.

〈TOPIK Ⅱ 52회, 9번〉

10

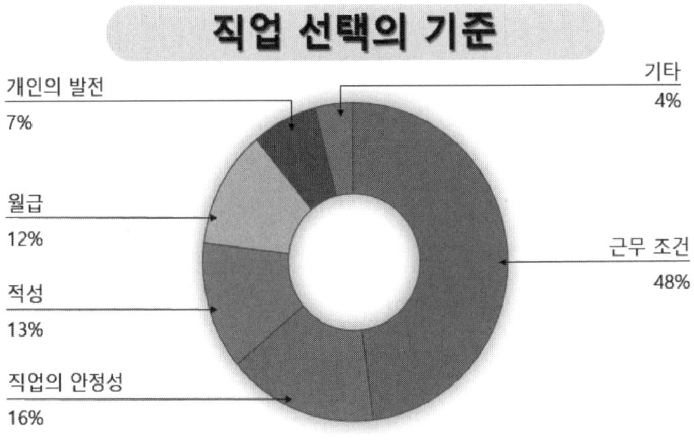

① 직업의 안정성을 중요하게 생각하는 사람이 가장 적다.
② 월급과 적성을 중요하게 생각하는 사람의 비율이 같다.
③ 개인의 발전보다 월급을 중요하게 생각하는 사람이 더 많다.
④ 근무 조건을 중요하게 생각하는 사람이 전체의 반을 넘는다.

〈TOPIK Ⅱ 52회, 10번〉

11

> 최근 초록 콩나물을 찾는 주부들이 늘고 있다. 노란 콩나물은 보통 검은색 천으로 덮어 어두운 곳에서 기른다. 그러나 초록 콩나물은 천으로 가리지 않고 밝은 곳에서 자라게 한다. 햇빛을 받아 초록색으로 변한 콩나물은 노란 콩나물보다 영양가가 높다. 특히 초록 콩나물은 노란 콩나물보다 비타민이 많이 들어 있어서 피로 회복에 좋다.

① 노란 콩나물은 햇빛을 받고 자란다.
② 초록 콩나물은 검은색 천을 덮어서 키운다.
③ 노란 콩나물은 초록 콩나물보다 피로 회복에 좋다.
④ 초록 콩나물은 노란 콩나물에 비해 영양가가 많다.

〈TOPIK Ⅱ 41회, 11번〉

12

> 지난 13일 인주경찰서에 편지 한 통이 배달되었다. 편지를 보낸 사람은 지난달 인주시를 방문했다가 지갑을 잃어버린 외국인 관광객 장 모 씨였다. 장 씨는 말이 통하지 않아 지갑을 찾는 데 어려움을 겪었다. 그때 한 경찰이 사전과 몸짓을 이용해 장 씨와 이야기하며 잃어버린 지갑을 찾는 데 도움을 주었다. 이에 장 씨가 고마움을 담은 감사 편지를 보낸 것이다.

① 관광객이 경찰에게 감사하는 마음을 표현했다.
② 관광객이 잃어버린 지갑을 찾지 못하고 돌아갔다.
③ 경찰이 지갑을 잃어버린 관광객에게 편지를 썼다.
④ 경찰이 관광객의 말을 이해하지 못해 도와줄 수 없었다.

〈TOPIK Ⅱ 52회, 11번〉

※ [13~15] 다음을 순서대로 맞게 배열한 것을 고르십시오. (각 2점)

13

(가) 쉬어도 떨림이 계속된다면 마그네슘이 부족해서일 수도 있다.
(나) 눈 밑 떨림의 주된 원인은 피로이므로 푹 쉬면 증상은 완화된다.
(다) 이런 사람들은 마그네슘이 풍부한 견과류나 바나나를 먹으면 좋다.
(라) 누구나 한 번쯤은 눈 밑이 떨리는 경험을 해 본 적이 있을 것이다.

① (나)-(다)-(라)-(가)　② (나)-(라)-(다)-(가)
③ (라)-(가)-(다)-(나)　④ (라)-(나)-(가)-(다)

〈TOPIK Ⅱ 60회, 15번〉

14

(가) 이불을 세탁해서 밖에 널어 두고 장을 보러 나갔다.
(나) 비가 오는 것을 보고 이웃이 대신 이불을 걷어 준 것이었다.
(다) 갑자기 비가 내려서 이불이 걱정되어 집으로 서둘러 돌아왔다.
(라) 도착해 보니 이불을 보관하고 있다는 메모가 문 앞에 붙어 있었다.

① (가)-(나)-(다)-(라)　② (가)-(다)-(나)-(라)
③ (나)-(가)-(라)-(다)　④ (나)-(라)-(가)-(다)

〈TOPIK Ⅱ 47회, 14번〉

15

(가) 시대가 변하면서 회식 문화가 바뀌고 있는 것이다.
(나) 직장에서는 좋은 업무 분위기를 위해서 회식을 한다.
(다) 예전에는 직장에서 회식을 할 때 주로 술을 많이 마셨다.
(라) 그러나 요즘에는 회식 대신에 공연을 관람하거나 맛집을 탐방하는 경우가 늘고 있다.

① (나)-(다)-(가)-(라)　② (나)-(다)-(라)-(가)
③ (다)-(가)-(나)-(라)　④ (다)-(나)-(라)-(가)

〈TOPIK Ⅱ 52회, 14번〉

※ [16~18] 다음을 읽고 (　　　)에 들어갈 내용으로 가장 알맞은 것을 고르십시오. (각 2점)

16

한 가전 업체에서 옷을 태우지 않는 다리미를 내놓았다. 작동 원리는 다림질하다 손을 떼면 다리미 밑판 앞뒤에서 다리가 튀어나와 옷과 다리미 사이에 간격이 생기는 방식이다. 다리미를 다시 잡으면 다리가 들어간다. 별것 아닌 듯한 이 다리미에 시장의 반응은 뜨거웠다. 많은 사람들이 고민하던 (　　　　　　　) 때문이다.

① 가격을 저렴한 수준으로 낮추었기
② 모양을 적절한 방법으로 바꾸었기
③ 내용을 합리적인 방식으로 설명했기
④ 문제를 새로운 아이디어로 해결했기

〈TOPIK Ⅱ 47회, 18번〉

17

대화를 원활하게 하기 위해서는 상대방에게 내가 그의 말을 잘 듣고 있다는 느낌을 주어야 한다. 이때 (　　　　　　　) 행동을 하면 좋다. 대부분의 나라에서 이런 행동은 긍정을 나타낸다. 따라서 머리를 위아래로 움직이는 행동을 하면 상대방을 존중하고 이야기에 공감하고 있다는 인상을 줄 수 있다.

① 손뼉을 치는
② 고개를 끄덕이는
③ 질문하면서 듣는
④ 들으면서 기록하는

〈TOPIK Ⅱ 52회, 17번〉

18

'씨앗 저장고'는 미래의 식량 문제를 대비하기 위해 식물 자원을 영구적으로 보호하는 시설이다. 이곳의 연구원들은 보관 중인 씨앗을 연구하는 일뿐만 아니라 (　　　　　　　) 활동도 한다. 이들은 씨앗 하나를 구하기 위해 전국 곳곳을 찾아다닌다. 연구원들이 직접 가서 보지 않으면 보관할 가치가 있는 씨앗인지 알 수 없기 때문이다.

① 자원을 홍보하는
② 사람을 교육하는
③ 씨앗을 수집하는
④ 저장고를 관리하는

〈TOPIK Ⅱ 60회, 18번〉

※ [19~20] 다음 글을 읽고 물음에 답하십시오. (각 2점)

요즘 아빠들은 아이들에게 친구 같은 존재가 되고 싶어 한다. (   ) 아이가 어릴 때는 친구 같은 아빠가 필요하다. 서로 사랑하는 마음을 표현하는 과정을 통해 부모와 자식 간의 신뢰가 깊어질 수 있기 때문이다. 그런데 아이의 인성이 완성되는 청소년기에는 '권위 있는 아빠'의 역할도 중요하다. 아빠의 권위 있는 말과 행동은 아이의 삶에 판단 기준이 되어 아이가 바른길로 가는 데 도움을 줄 수 있기 때문이다.

19 (   )에 들어갈 알맞은 것을 고르십시오.

① 반면 ② 물론 ③ 차라리 ④ 그러면

20 위 글의 내용과 같은 것을 고르십시오.

① 아이들은 자기 스스로 인성을 완성할 수 있다.
② 청소년기에는 친구 같은 아빠의 역할이 더 중요하다.
③ 친구 같은 아빠는 아이가 바른길로 가도록 도움을 준다.
④ 권위 있는 아빠는 아이에게 삶의 판단 기준을 제시할 수 있다.

〈TOPIK Ⅱ 47회, 19/20번〉

※ [21~22] 다음 글을 읽고 물음에 답하십시오. (각 2점)

최근 한 할아버지가 거리를 청소하면서 모은 돈 100여만 원을 장학금으로 내놓았다. (　　　　) 이라고 지난 5년 동안 바닥에 버려진 10원짜리 동전을 하나하나씩 주워 모은 것이다. 사람들은 큰돈이 있어야만 다른 사람을 도와줄 수 있다고 생각한다. 하지만 참된 기부란 돈의 액수가 중요한 것이 아니라 다른 사람을 향한 사랑의 마음이다.

21 (　　　　)에 들어갈 알맞은 것을 고르십시오.

① 제 눈의 안경

② 엎질러진 물

③ 싼 게 비지떡

④ 티끌 모아 태산

22 이 글의 중심 생각을 고르십시오.

① 생활 속에서 동전의 활용성을 높여야 한다.

② 다른 사람을 도와주려면 큰돈을 모아야 한다.

③ 참된 기부는 자신보다 남을 먼저 생각해야 한다.

④ 큰돈을 모으려면 아끼고 절약하는 습관을 길러야 한다.

〈TOPIK Ⅱ 41회, 21/22번〉

※ [23~24] 다음을 읽고 물음에 답하십시오. (각 2점)

친정아버지가 손자들이 보고 싶다며 오랜만에 우리 집에 오셨다. 내가 집안일을 하는 사이에 아버지는 큰애를 데리고 놀이터에 다녀온다며 나가셨다. 한 시간쯤 지났는데 아버지가 다급한 목소리로 전화를 하셨다. 아이가 다쳐서 병원 응급실로 데리고 가신다는 것이었다. 나는 너무 놀라 허둥지둥 응급실로 달려갔다. 아이는 이마가 찢어져 치료를 받고 있었다. 나도 모르게 "아버지, 애 좀 잘 보고 계시지 그러셨어요?"라며 퉁명스럽게 말했다. 아버지는 아무 말씀 없이 치료받는 아이의 손만 꼭 잡고 계셨다. 집에 와서 아이를 재우고 나서야 아버지 손등의 상처가 눈에 들어왔다. 아이의 상처에는 그렇게 가슴 아파하면서 아버지의 상처는 미처 살피지 못했다. 나는 아버지에게 홧김에 내뱉은 말을 생각하며 약을 발라 드렸다.

23 밑줄 친 부분에 나타난 '나'의 심정으로 알맞은 것을 고르십시오.

① 억울하다
② 허전하다
③ 후회스럽다
④ 부담스럽다

24 위 글의 내용과 같은 것을 고르십시오.

① 나는 친정아버지를 모시고 살고 있다.
② 아버지는 다친 큰애를 데리고 응급실에 가셨다.
③ 나는 병원에서 아이가 다쳤다는 전화를 받았다.
④ 아버지는 매일 큰애와 놀이터에서 놀아 주셨다.

〈TOPIK Ⅱ 52회, 23/24번〉

※ [25~27] 다음 신문 기사의 제목을 가장 잘 설명한 것을 고르십시오. (각 2점)

25

마을 어르신들이 '지킴이' 역할 톡톡히, 주민 얼굴에 웃음 가득

① 노인들은 마을 주민들의 도움에 만족해하고 있다.
② 노인들은 마음 주민들의 도움으로 즐겁게 일하고 있다.
③ 주민들은 안전을 위해 애쓰는 마을 노인들 덕에 기분이 좋다.
④ 주민들은 일을 잘하려고 노력하는 노인들에게 감사하고 있다.

〈TOPIK Ⅱ 41회, 27번〉

26

황금연휴, 여행 업계 오랜만에 웃어

① 긴 연휴로 여행 업계가 오랜만에 활기를 찾았다.
② 짧은 연휴에도 여행을 하려는 사람이 여전히 많다.
③ 연휴가 길지 않아 여행을 예약하는 사람이 많지 않다.
④ 연휴 기간 동안 업계는 만족할 만한 여행 상품을 준비했다.

〈TOPIK Ⅱ 47회, 26번〉

27

소비 심리 '봄바람', 백화점 매출 기지개

① 소비자들의 구매 욕구가 살아나 백화점 매출이 늘어나고 있다.
② 날씨의 영향으로 백화점에서 물건을 구입하는 사람들이 많아졌다.
③ 백화점에서 매출을 늘리기 위해 행사를 하자 사람들이 모여들었다.
④ 소비자들의 심리를 반영한 백화점의 매출 전략이 호응을 얻고 있다.

〈TOPIK Ⅱ 52회, 25번〉

※ [28~31] 다음을 읽고 (   )에 들어갈 내용으로 가장 알맞은 것을 고르십시오. (각 2점)

28

훌륭한 예술가는 작품 활동을 하다가 벽에 부딪히면 돌파구를 찾아낸다. 화가들에게 (   )은 '독'이라기보다 '약'이었다. 손이 떨려 그릴 수 없었던 한 화가는 종이를 잘라 물감을 칠해 붙이는 방법으로 새로운 작품 세계를 열었다. 또 가난해서 그림 재료를 살 수 없었던 어떤 화가는 담배 포장지에 스케치를 했다. 이런 예술 작품을 통해 자신만의 예술 세계를 구축하였다.

① 재료의 부족과 호기심
② 경제적 빈곤과 예술성
③ 신체적 장애와 열악한 환경
④ 예술적 한계와 정신적 고통

〈TOPIK Ⅱ 41회, 29번〉

29

각 분야의 (   ) '사람도서관'이 등장해 화제다. 사람도서관은 표현 그대로 사람을 책처럼 대출할 수 있는 도서관이다. 도서관이 전문적인 지식과 경험을 가진 사람을 '사람책'으로 등록하면 독자는 관심 있는 분야의 사람책을 대출하면 된다. 예를 들어 글을 쓰는 데에 관심이 있는 사람이라면 사람도서관에서 글쓰기 관련 사람책을 대출하여 강의를 들으면 된다. 다만 사람책을 이용하려면 정해진 인원 이상이 모여야 한다.

① 전문가를 활용하는
② 전문가를 양성하는
③ 기술자를 교육하는
④ 기술자를 파견하는

〈TOPIK Ⅱ 47회, 29번〉

30

최근 일부 대기업을 중심으로 '기업 쪼개기'가 이루어지고 있다. 이는 (   ) 의도에서 비롯된 것이다. 그동안 대기업들은 큰 몸집 탓에 복잡한 결재 절차를 거쳐야 했다. 그런데 최근 시장 환경이 급변하면서 의사 결정 속도가 곧 기업의 경쟁력인 시대가 되었다. 아예 기업들은 계열사를 독립적인 회사로 분리하고 각 회사에 최종 결정 권한을 넘김으로써 시장 변화에 신속히 대처하고 있다.

① 회사의 이미지를 바꾸려는
② 시장의 흐름을 변화시키려는
③ 기업 간에 정보를 공유하려는
④ 의사 결정 단계를 단순화하려는

〈TOPIK Ⅱ 52회, 31번〉

31

보통 수학에서는 개념이 먼저 정립되고 기호가 등장한다. 그러나 수가 끝없이 커지는 상태를 가리키는 무한대의 경우에는 정반대이다. 무한대는 (   ) 후에도 한동안 개념이 정립되지 못했다. 왜냐하면 당시의 학자들은 무한대를 인간의 능력으로는 파악할 수 없다고 여겼기 때문이다. 그래서 수학계에서 무한대를 정의하는 것은 오랫동안 시도되지 않았다.

① 기호가 만들어진
② 의미가 여러 번 바뀐
③ 학계에서 활발히 연구된
④ 반대되는 이론이 등장한

〈TOPIK Ⅱ 60회, 31번〉

※ [32~34] 다음을 읽고 내용이 같은 것을 고르십시오. (각 2점)

32

문화와 역사적 가치가 높지만 국가에서 관리하지 못하고 있는 토지, 자연, 건물 등이 많이 있다. 이를 관리하고 보존하려는 시민운동이 새롭게 시작되고 있다. 사라질 위기에 처해 있는 중요한 자산을 지키기 위해 시민들이 자발적으로 모금에 나선 것이다. 이러한 시민의 노력으로 최근 희귀식물인 '매화마름'이 보존되는 등 가시적인 성과가 나타나고 있다. 이러한 운동이 앞으로도 지속되기 위해서는 시민들의 적극적인 동참이 필요하다.

① 시민들은 국가의 지원을 받아 모금 활동을 했다.
② 시민들이 국가 토지 관리에 적극 참여하고 있다.
③ 시민들이 역사적 가치가 높은 자산을 보존하기 시작했다.
④ 시민운동이 희귀식물 보존에까지는 미치지 못하고 있다.

〈TOPIK Ⅱ 47회, 34번〉

33

생물들은 환경 변화에 민감하게 반응하기 때문에 환경오염을 나타내는 지표 역할을 한다. 한 예로 나팔꽃은 대기 오염의 지표가 된다. 나팔꽃에 흰색 반점이 생기면 공기가 오염되었다는 것을 알 수 있다. 또 물고기는 수질 오염 정도를 보여 준다. 은어가 살면 깨끗한 1급수의 물이라는 것을, 미꾸라지가 살면 깨끗하지 않은 3급수의 물이라는 것을 뜻한다. 이처럼 복잡한 측정 장비 없이도 지표 생물로 그 지역 환경의 오염 정도를 알 수 있다.

① 대기 오염의 여부는 지표 생물로 판별하기 어렵다.
② 자연환경이 깨끗한 곳에서는 미꾸라지를 발견할 수 있다.
③ 물속에 사는 물고기의 종류로 물이 오염되었는지 파악할 수 있다.
④ 나팔꽃은 크기의 변화를 통해 환경 변화를 알려 주는 지표 생물이다.

〈TOPIK Ⅱ 52회, 33번〉

34

19세기 중반까지는 태양의 위치를 기준으로 시간을 정해서 지역마다 시간이 달랐다. 이는 철도 이용이 활발해지면서 문제가 되었다. 철도 회사는 본사가 있는 지역의 시간을 기준으로 열차를 운행했다. 그래서 승객은 다른 지역에서 온 열차를 탈 때마다 자기 지역의 시간과 열차 시간이 달라 불편을 겪었다. 이를 해결하고자 캐나다의 한 철도 기사가 지구의 경도를 기준으로 하는 표준시를 제안하였고 이것이 현재의 표준시가 되었다.

① 표준시 도입의 필요성은 철도 분야에서 제기되었다.
② 예전에는 철도 회사가 지역의 기준 시간을 결정했다.
③ 캐나다에서는 19세기 이전부터 표준시를 사용해 왔다.
④ 철도 승객들은 표준시의 적용으로 불편을 겪게 되었다.

〈TOPIK Ⅱ 60회, 34번〉

※ [35~38] 다음 글의 주제로 가장 알맞은 것을 고르십시오. (각 2점)

35

어떤 아이가 자신이 아끼는 새에게 온갖 고기를 먹이려 했지만 놀란 새는 한 점의 고기도 먹지 못하고 죽었다는 우화가 있다. 이는 새의 입장에서 진정으로 필요한 것이 무엇인지 배려하지 않아서 생긴 결과이다. 그러나 뭔가를 배려할 때 먼저 상대방의 입장을 고려해야 한다는 것은 말처럼 쉬운 일이 아니다. 상대의 입장을 완벽하게 이해하기란 정말 어렵기 때문이다. 따라서 어설픈 배려가 오히려 상대에게 상처를 줄 수 있다는 깨달음이 선행되어야 한다.

① 상대를 완벽하게 이해하는 것은 사실상 거의 불가능하다.
② 서투른 배려는 상대에게 상처를 줄 수 있음을 알아야 한다.
③ 우리는 우화를 통해 진정한 배려가 무엇인지 배울 수 있다.
④ 배려할 때 상대방의 입장을 고려하는 것은 큰 의미가 없다.

〈TOPIK Ⅱ 41회, 36번〉

36

어떤 사람들은 경제적 여유를 얻게 되면서 삶의 무료함을 느끼기도 한다. 그런데 사람들은 이런 무료함을 별것 아닌 사소한 것으로 여기는 경향이 있다. 하지만 무료함은 개인의 행복한 삶을 저해하는 하나의 요소가 될 수도 있다. 돈이나 명예로는 남부럽지 않을 것 같은 사람들이 무료함 때문에 사회적 일탈 행동을 하기도 하고 무료함이 심해져 우울증으로까지 발전하는 경우도 있기 때문이다. 무료함은 간과해도 되는 사소한 것이 아니다.

① 경제적 여유가 있는 사람들이 무료함에 빠지기 쉽다.
② 사회적 일탈 행동은 돈과 명예가 없는 데에서 기인한다.
③ 무료함을 가볍게 여기지 말고 그 심각성을 인식해야 한다.
④ 행복한 삶을 위해서는 우울증을 예방하려고 노력해야 한다.

〈TOPIK Ⅱ 52회, 37번〉

37

정보의 양이 폭발적으로 증가하면서 핵심만 집어낸 요약형 정보를 찾는 사람들이 늘고 있다. 필요한 지식을 쉽고 빠르게 얻을 수 있기 때문이다. 그러나 짧게 정돈된 지식만을 취하다 보면 사물을 오랫동안 관찰하고 분석하는 능력이 떨어지거나 정보를 비판적으로 처리할 수 있는 능력이 무뎌질 수 있다.

① 요약형 정보는 가장 효율적인 정보 습득 방식이다.
② 요약형 정보는 사람들의 사고력 저하를 초래할 수 있다.
③ 사람들이 습득해야 할 지식의 양이 크게 증가하고 있다.
④ 짧게 정돈된 지식 덕분에 정보 처리 시간을 줄일 수 있다.

〈TOPIK Ⅱ 60회, 36번〉

38

유명 드라마가 소설책으로 출간되는 일이 많아졌다. 소설이 인기를 끌면 그 후에 영상물로 제작되던 것과는 반대되는 현상이 생긴 것이다. 이러한 현상의 영향 탓인지 처음부터 영상물을 염두에 두고 글을 쓰는 소설가들이 늘고 있다. 그러나 이와 같이 영상물 중심으로 창작과 출판이 이루어진다면 순수 문학이 가진 고유한 특성들이 하나둘씩 사라질지도 모른다.

① 작가들의 창작열을 높이기 위한 보상 체계 마련이 시급하다.
② 출판물의 판매를 늘리기 위해 영상물을 활용한 홍보가 필요하다.
③ 영상물이 책으로 많이 출간되어야 출판 시장이 활성화될 수 있다.
④ 영상물이 갖는 영향력이 커지면 순수 문학이 위기를 맞을 수 있다.

〈TOPIK Ⅱ 60회, 37번〉

※ [39~41] 다음 글에서 〈보기〉의 문장이 들어가기에 가장 알맞은 곳을 고르십시오. (각 2점)

39

인주상사가 이번 달부터 '자율근무제'를 도입한다. (㉠) 이 제도는 본인의 업무 시간을 스스로 정할 수 있어 기존의 출퇴근 시간이 사라지게 된다. (㉡) 이 회사에서는 오는 10월까지 모든 사원을 대상으로 자율근무제를 시범 운영할 예정이다.
(㉢) 시범 운영 기간이 끝나면 이 제도의 장점과 단점을 분석하고 보완하여 정식으로 도입할 예정이다. (㉣) 다른 기업들도 이러한 인주상사의 자율근무제 시행에 큰 관심을 가지고 있다.

〈 보 기 〉
나아가 이 제도의 도입을 계기로 조직 문화의 개선을 위하여 다양한 유형의 시도를 계속할 것이라고 밝혔다.

① ㉠　　② ㉡　　③ ㉢　　④ ㉣

〈TOPIK Ⅱ 41회, 39번〉

40

『박철수의 거주 박물지』는 건축학자가 서울을 중심으로 한 거주 문화사를 소개한 책이다. (㉠) 아파트가 어떻게 중산층의 표준 욕망이 됐는가, 장독이 왜 아파트에서 사라졌는가와 같은 물음들을 도면과 신문 기사를 곁들여 풀어내는 식이다. (㉡) 그 과정에서 이웃과 정을 나누는 일 없이 각박하게 살아온 지난 수십 년의 세태를 지적하는 것도 놓치지 않고 있다. (㉢) 이웃과 정답게 살아가는 모습을 그려내고자 하는 미래의 건축학도에게 추천하고 싶다. (㉣)

〈보 기〉
무엇보다 독자들이 더 흥미롭게 읽을 수 있도록 문답의 형식으로 구성된 것이 돋보인다.

① ㉠　② ㉡　③ ㉢　④ ㉣

〈TOPIK Ⅱ 60회, 40번〉

41

지금 우리는 기계가 인간의 인지적인 영역까지 대신하는 제2의 기계시대로 접어들고 있다. (㉠) 이러한 비약적인 기계 발전의 시대가 인간의 삶을 더 윤택하게 할지 더 소외시킬지 단정 지을 수는 없다. (㉡) 하지만 급속한 기술의 발달로 현재의 산업 구조가 크게 바뀐다는 것만은 분명하다. (㉢) 그래서 지금 초등학교에 진학하는 아이들의 65%는 현재에는 없는 직업을 갖게 될 것으로 전망된다. (㉣)

〈보 기〉
산업 구조의 변화에 따라 당연히 일자리의 변동성도 커질 것이다.

① ㉠　② ㉡　③ ㉢　④ ㉣

〈TOPIK Ⅱ 52회, 41번〉

※ [42~43] 다음을 읽고 물음에 답하십시오. (각 2점)

> 낙천이 아저씨가 돌아가셨다는 소식을 수화기 저편의 아버지에게서 듣는 순간, 내 입에선 아! 짤막한 탄식이 새어 나왔다. 아침부터 희끄무레하던 하늘에서 막 눈이 쏟아지는 참이었다. 수화기를 든 채로 잠시 눈발을 주시했다. 지난가을 시골집에 들렀을 때 다른 때와는 달리 아버지가 "작은 아버지 한번 보고 갈테냐?"고 물었던 일이 떠올랐다. 아버지는 늘 그를 작은 아버지라 지칭했지만 우리들은 그를 낙천이 아저씨라 불렀다. 뒤늦게 깨닫게 되는 일들, 그때 그랬으면 좋았을 텐데 싶은 일들. (중략)
>
> "올 테냐?" 수화기 저편의 아버지가 내 대답을 기다렸다. 귀는 수화기에 대고 있고 시선은 점점 굵어지는 창밖의 눈발을 응시하고 있지만 머릿속은 오늘 일정들을 체크해 보느라 분주하게 움직였다. 지금 열한 시. K와 점심. 한 시 부서 회의. 세 시에 전체 회의. 네 시에 설치미술가의 기자 간담회에 참석한 뒤 여섯 시에는 인터뷰 약속이 잡혀 있었다. (중략)
>
> "눈이 많이 오네요, 아버지." 수화기 저편의 아버지 목소리에서 힘이 빠졌다. <u>"못 오겠냐?"</u> 이번에는 내 몸에서 힘이 빠졌다. 당신과 뜻이 달라 실망을 할 때면 상대를 탓하거나 의견을 다시 주장하는 게 아니라 힘이 빠진 목소리로 그러냐며 곧 수납 태세로 들어가는 아버지에게 무력해진 지 오래되었다는 생각.

42 밑줄 친 부분에 나타난 아버지의 심정으로 알맞은 것을 고르십시오.

① 서운하다　　② 억울하다
③ 조급하다　　④ 괘씸하다

43 이 글의 내용과 같은 것을 고르십시오.

① 눈이 많이 오자 아버지는 내가 걱정돼서 전화를 하셨다.
② 나는 오늘 일이 많아서 시골집에 가는 것이 망설여진다.
③ 나는 지난가을 시골집에 갔을 때 낙천 아저씨를 만났다.
④ 낙천 아저씨가 돌아가셨다는 소식에 나는 몸에 힘이 빠졌다.

〈TOPIK Ⅱ 47회, 42/43번〉

※ [44~45] 다음을 읽고 물음에 답하십시오. (각 2점)

보편적 디자인이란 성별, 연령, 장애의 유무 등에 관계없이 누구나 편리하게 이용할 수 있도록 제품이나 사용 환경을 만드는 것을 말한다. 산업혁명 시대에는 대량 생산을 목적으로 생산의 효율성을 추구하였다. 따라서 디자인을 할 때 (　　　　　　). 그러다 보니 여기에 속하지 못한 대상들은 불편을 겪을 수밖에 없었다. 이에 대한 비판과 반성에서 출발한 것이 보편적 디자인이다. 대표적인 예가 계단이 없는 저상 버스인데 이 버스는 타고 내리기 쉬워 어린이와 노인, 임산부와 장애인 등 모두가 편리하게 이용할 수 있다. 다양한 대상의 특성을 고려한 보편적 디자인은 최대한 많은 사람들이 차별 없이 생활할 수 있는 환경을 조성하는 데 큰 몫을 하고 있다.

44 위 글의 주제로 알맞은 것을 고르십시오.

① 과거와는 다른 새로운 디자인의 개발이 요구된다.
② 보편적 디자인을 사용해야 제품의 대량 생산이 가능하다.
③ 보편적 디자인은 사회의 여러 계층을 고려한 디자인이다.
④ 제품을 디자인할 때 가장 중요한 것은 생산의 효율성이다.

45 (　　　　)에 들어갈 내용으로 가장 알맞은 것을 고르십시오.

① 생산할 제품의 특성을 최대한 반영하였다.
② 편리한 사용 환경을 마련해 주고자 하였다.
③ 당시 널리 퍼져 있던 유행의 흐름을 따랐다.
④ 표준이라 여기는 다수만을 기준으로 하였다.

〈TOPIK Ⅱ 52회, 44/45번〉

※ [46~47] 다음을 읽고 물음에 답하십시오. (각 2점)

우리는 야구 만화를 볼 때 공이 상하좌우로 강하게 휘어 들어가는 장면에서 감탄하게 된다. 이건 단지 만화라서 가능한 일일까? (㉠) 아니다. 실제로도 이런 일이 있는데 이것은 공이 회전하기 때문이다. (㉡) 공은 회전을 주는 방향에 따라 회전하는 방향과 떨어지는 정도가 다르다. (㉢) 야구에서 투수들은 이런 방법을 사용해 공을 치는 타자가 쉽게 예측할 수 없는 다양한 공을 던진다. 가끔 공이 날아오다가 자기 앞에서 떠오르는 것 같다는 타자들도 있다. (㉣) 그런데도 그렇게 착각하는 것은 공에 회전을 주어 공이 가라앉는 정도를 줄였기 때문이다. 당연히 아래로 떨어질 것이라고 예상했는데 공이 회전을 받아 거의 직선으로 날아오니까 떠오르는 것처럼 보이는 것이다.

46 다음 문장이 들어가기에 가장 알맞은 곳을 고르십시오.

〈보 기〉
사실 투수가 던진 공은 중력으로 인해 절대로 위로 올라갈 수 없다.

① ㉠ ② ㉡ ③ ㉢ ④ ㉣

47 이 글의 내용과 같은 것을 고르십시오.

① 중력의 영향으로 회전 방향이 달라진다.
② 회전을 이용하면 공을 떠오르게 할 수 있다.
③ 회전되어 날아오는 공은 타자가 예측하기 쉽다.
④ 투수는 공에 회전을 주어서 다양한 공을 던진다.

〈TOPIK Ⅱ 41회, 46/47번〉

※ [48~50] 다음을 읽고 물음에 답하십시오. (각 2점)

> 젊은 인재들이 아이디어 하나로 세상을 바꿔 나가는 일이 거듭되면서, 미국의 실리콘밸리는 전 세계적으로 '창의적 기술 혁신'의 상징이 되었다. 이 모든 것이 한데 어우러져 (　　　　　) 최적의 환경을 만들어 낸 것이다. 그런데 실리콘밸리의 모델을 한국의 여러 도시에서 다양한 형태로 적용하려는 움직임이 활발히 이루어지고 있어 고무적이다. 인주시의 경우, 첨단과학기술단지를 조성하여 입주 기업들이 자신의 역량을 펼칠 수 있도록 하였다. 투자 예산 확대나 세금 감면 혜택 등을 통해 창의적 기업 활동의 길을 활짝 열어 준 것이다. 그 결과 기업들은 인주 지역 경제 활성화와 일자리 창출에 핵심적 역할을 하고 있다. 실리콘밸리의 성공 모델을 모방하기는 했지만 지역의 특수성을 고려한 인주시의 첨단과학기술단지는 새로운 경제 성장 동력의 한 모델이 될 수 있을 것이다. 향후 여러 도시에서도 각자의 여건에 맞추어 창의적인 기업 활동 지원책을 마련할 필요가 있다.

48 위 글을 쓴 목적으로 알맞은 것을 고르십시오.

① 실리콘밸리의 주요 성장 동력을 분석하려고
② 기업의 역량적 활동을 지원하는 방안을 제시하려고
③ 첨단과학 중심으로 조직된 기업 단지를 소개하려고
④ 여건에 맞는 경제 환경 조성의 중요성을 제기하려고

49 (　　　　　)에 들어갈 내용으로 알맞은 것을 고르십시오.

① 문화가 창출될 수 있는　　　② 실패가 용납될 수 있는
③ 자본력이 형성될 수 있는　　④ 창의성이 발휘될 수 있는

50 밑줄 친 부분에 나타난 필자의 태도로 알맞은 것을 고르십시오.

① 경제 활성화를 위한 다양한 시도의 긍정적 측면을 인정하고 있다.
② 경제 성장의 성공 사례가 활발히 도입되는 현상을 경계하고 있다.
③ 경제의 성공 방식을 해외에서 찾으려는 노력에 대해 감탄하고 있다.
④ 경제의 성공 요인을 다르게 파악하려는 자세에 대해 비판하고 있다.

〈TOPIK Ⅱ 47회, 48/49/50번〉

똑똑하게 픽하자! (Smart Pick)

TOPIK II

정답 및 배점표

실전 모의고사 ❶, ❷

정답 및 배점표 [실전 모의고사 ❶ 쓰기]

수준 : TOPIK Ⅱ 영역 : 쓰기

문항번호	모범답안 및 채점기준(서답형)	배점
51	㉠ 제가 선생님을 집으로 초대하고 싶습니다 ㉡ 오후에는/언제든지 다 괜찮습니다 [채점기준] – 내용이 맥락에 맞게 적절한가? – 문장 단위의 표현이 정확하고 격식에 맞는가?	10
52	㉠ 손을 씻어야 한다 ㉡ 비누를 사용하라고 한다/비누로 씻으라고 한다 [채점기준] – 내용이 맥락에 맞게 적절한가? – 문장 단위의 표현이 정확한가?	10
53	[모범답안] 최근 국내에서 유학하는 외국인 유학생이 급증했다. 2000년에 4천 명이던 유학생이 가파른 상승세를 보이다 잠시 주춤하더니 다시 증가세를 보이며 2016년에 이르러 10만 명이 되었다. 이러한 증가의 원인으로 우선 외국인들의 한국과 한국어에 대한 관심이 증가한 것을 들 수 있다. 한국 대학에서 유학생을 유치하려는 노력도 유학생의 증가에 큰 영향을 미친 것으로 보인다. 이러한 영향이 계속 이어진다면 2023년에는 외국인 유학생이 20만 명에 이를 것으로 기대된다.(260자) [채점기준] – 내용이 주제와 관련되어 풍부하고 다양한가? – 제시된 정보를 적절하게 사용하였는가? – 글의 구성이 논리적이며 조직적인가? – 어휘와 문법을 적절하고 다양하게 사용하였는가?	30

54	[모범답안] 어떤 일을 다른 사람들과 함께 계획하고 추진하기 위해서는 그 사람들과의 원활한 인간관계가 필요하다. 다만 인간관계를 원활하게 하는 데에는 많은 대화가 요구되며, 이 과정에서 의사소통 능력이 중요한 역할을 한다. 일반적으로 의사소통은 타인과의 소통의 시작이어서 의사소통이 제대로 이루어지지 않는 경우 오해가 생기고 불신이 생기며 경우에 따라서는 분쟁으로까지 이어질 수 있게 된다. 그런데 이러한 의사소통이 항상 원활히 이루어지는 것은 아니다. 사람들은 서로 다른 생활환경과 경험을 가지고 있고, 이는 사고방식의 차이로 이어지게 된다. 이러한 차이들이 의사소통을 어렵게 함과 동시에 새로운 갈등을 야기하기도 한다. 따라서 원활한 의사소통을 위한 적극적인 노력이 필요하다. 우선 상대를 배려하는 입장에서 말을 하는 자세가 필요하다. 나의 말이 상대를 불편하게 만드는 것은 아닌지 항상 생각하며 이야기하여야 한다. 다음으로 다른 사람의 말을 잘 듣는 자세가 필요하다. 마음을 열고 다른 사람의 이야기를 듣는 것은 상대를 이해하는 데 꼭 필요하기 때문이다. 마지막으로 서로의 입장에서 현상을 바라보는 자세가 필요하다. 이는 서로가 가질 수 있는 편견과 오해를 해결할 수 있는 역할을 하기 때문이다. (616자) [채점기준] – 내용이 주제와 관련되어 풍부하고 다양한가? – 글의 구성이 논리적이며 조직적인가? – 어휘와 문법을 적절하고 다양하게 사용하였는가?	50

정답 및 배점표 [실전 모의고사 ❶ 읽기]

수준 : TOPIK Ⅱ 영역 : 읽기

문항번호	정답	배점	문항번호	정답	배점
1	③	2	26	①	2
2	①	2	27	④	2
3	④	2	28	④	2
4	②	2	29	③	2
5	③	2	30	③	2
6	②	2	31	③	2
7	①	2	32	③	2
8	②	2	33	④	2
9	③	2	34	④	2
10	③	2	35	④	2
11	①	2	36	③	2
12	④	2	37	②	2
13	①	2	38	③	2
14	②	2	39	②	2
15	③	2	40	④	2
16	②	2	41	②	2
17	②	2	42	③	2
18	①	2	43	①	2
19	②	2	44	④	2
20	①	2	45	③	2
21	④	2	46	③	2
22	①	2	47	②	2
23	①	2	48	④	2
24	②	2	49	③	2
25	③	2	50	④	2

정답 및 배점표 [실전 모의고사 ❷ 쓰기]

수준 : TOPIK Ⅱ　영역 : 쓰기

문항번호	모법답안 및 채점기준(서답형)	배점
51	[정답] ㉠ 카메라를 주문했습니다 / 카메라를 구입했습니다 / 카메라를 샀습니다 ㉡ 카메라를 받아 주실 수 있으십니까 [채점기준] – 내용이 맥락에 맞게 적절한가? – 문장 단위의 표현이 정확하고 격식에 맞는가?	10
52	[정답] ㉠ 감정이 표정에 영향을 주기 때문이다 ㉡ 밝은 표정을 짓는/하는, 표정을 밝게 짓는/하는 [채점기준] – 내용이 맥락에 맞게 적절한가? – 문장 단위의 표현이 정확하고 격식에 맞는가?	10
53	[모범답안] 결혼문화연구소에서 20대 이상 성인 남며 3,000명을 대상으로 '아이를 꼭 낳아야 하는가'에 대해 조사하였다. 그 결과 '그렇다'라고 응답한 남자는 80%, 여자는 67%였고, '아니다'라고 응답한 남자는 20%, 여자는 33%였다. 이들이 '아니다'라고 응답한 이유에 대해 남자는 양육비가 부담스러워서, 여자는 자유로운 생활을 원해서라고 응답한 경우가 가장 많았다. 이어 남자는 자유로운 생활을 원해서, 여자는 직장 생활을 유지하고 싶어서라고 응답하였다. (258자) [채점기준] – 내용이 주제와 관련되고 풍부하고 다양한가? – 제시된 정보를 적절하게 사용하였는가? – 글의 구성이 논리적이며 조직적인가? – 어휘와 문법을 적절하고 다양하게 사용하였는가?	30

54	[모범답안] 우리는 칭찬을 들으면 일을 더 잘하고 싶어질 뿐만 아니라 좀 더 나은 사람이 되고 싶은 마음이 든다. 그리고 자신감이 생겨 공부나 일의 성과에도 긍정적인 영향을 미친다. 그래서 자신이 가진 능력 이상을 발휘하고 싶어지는 도전 정신이 생기기도 하는 것이다. 한마디로 말해 칭찬은 사람을 한 단계 더 발전시키는 힘을 가지고 있다. 그런데 이러한 칭찬이 독이 되는 경우가 있다. 바로 칭찬이 상대에게 기쁨을 주는 것이 아니라 부담을 안겨 주는 경우이다. 칭찬을 들으면 그 기대에 부응해야 한다는 압박감 때문에 자신의 실력을 제대로 발휘하지 못하게 되는 일이 생기게 된다. 칭찬의 또 다른 부정적인 면은 칭찬받고 싶다는 생각에 결과만을 중시하게 되는 점이다. 일반적으로 칭찬이 일의 과정보다 결과에 중점을 두고 행해지는 경우가 많기 때문이다. 그래서 우리가 상대를 칭찬할 때에는 그 사람이 해낸 일의 결과가 아닌, 그 일을 해내기까지의 과정과 노력에 초점을 맞추는 것이 중요하다. 그래야 칭찬을 듣는 사람도 일 그 자체를 즐길 수 있다. 또한 칭찬을 듣고 잘 해내야 한다는 부담에서도 벗어날 수 있을 것이다. 우리는 보통 칭찬을 많이 해 주는 것이 중요하다고 생각하는데 칭찬은 그 방법 역시 중요하다는 것을 잊지 말아야 할 것이다. [채점기준] – 내용이 주제와 관련되어 풍부하고 다양한가? – 글의 구성이 논리적이며 조직적인가? – 어휘와 문법을 적절하고 다양하게 사용하였는가?	50

정답 및 배점표 [실전 모의고사 ❷ 읽기]

수준 : TOPIK Ⅱ 영역 : 읽기

문항번호	정답	배점	문항번호	정답	배점
1	①	2	26	①	2
2	①	2	27	①	2
3	①	2	28	③	2
4	①	2	29	①	2
5	①	2	30	④	2
6	②	2	31	①	2
7	①	2	32	③	2
8	②	2	33	③	2
9	①	2	34	①	2
10	③	2	35	②	2
11	④	2	36	③	2
12	①	2	37	②	2
13	④	2	38	④	2
14	②	2	39	④	2
15	②	2	40	①	2
16	④	2	41	③	2
17	②	2	42	①	2
18	③	2	43	②	2
19	②	2	44	③	2
20	④	2	45	④	2
21	④	2	46	④	2
22	③	2	47	④	2
23	③	2	48	④	2
24	②	2	49	④	2
25	③	2	50	①	2

한국어능력시험
TOPIK Ⅱ
1 교시 (쓰기)

성 명 (Name)	한 국 어 (Korean)	
	영 어 (English)	

수		험		번		호					
					8						
⓪	⓪	⓪	⓪	⓪		⓪	⓪	⓪	⓪	⓪	⓪
①	①	①	①	①		①	①	①	①	①	①
②	②	②	②	②		②	②	②	②	②	②
③	③	③	③	③		③	③	③	③	③	③
④	④	④	④	④		④	④	④	④	④	④
⑤	⑤	⑤	⑤	⑤		⑤	⑤	⑤	⑤	⑤	⑤
⑥	⑥	⑥	⑥	⑥		⑥	⑥	⑥	⑥	⑥	⑥
⑦	⑦	⑦	⑦	⑦		⑦	⑦	⑦	⑦	⑦	⑦
⑧	⑧	⑧	⑧	⑧	●	⑧	⑧	⑧	⑧	⑧	⑧
⑨	⑨	⑨	⑨	⑨		⑨	⑨	⑨	⑨	⑨	⑨

문제지 유형 (Type)	
홀수형 (Odd number type)	○
짝수형 (Even number type)	○

※결 시 확인란	결시자의 영어 성명 및 수험번호 기재 후 표기	○

※ 위 사항을 지키지 않아 발생하는 불이익은 응시자에게 있습니다.

※감독관 확 인	본인 및 수험번호 표기가 정확한지 확인	(인)

주관식 답안은 정해진 답란을 벗어나거나 답란을 바꿔서 쓸 경우 점수를 받을 수 없습니다.
(Answers written outside the box or in the wrong box will not be graded.)

51	㉠	
	㉡	
52	㉠	
	㉡	

53 아래 빈칸에 200자에서 300자 이내로 작문하십시오 (띄어쓰기 포함).
(Please write your answer below; your answer must be between 200 and 300 letters including spaces.)

53

50
100
150
200
250
300

※ **54번은 뒷면에 작성하십시오.** (Please write your answer for question number 54 at the back.)

54	주 관 식 답 란 (Answer sheet for composition)
	아래 빈칸에 600자에서 700자 이내로 작문하십시오 (띄어쓰기 포함). (Please write your answer below; your answer must be between 600 and 700 letters including spaces.)

50

100

150

200

250

300

350

400

450

500

550

600

650

700

※ 주어진 답란의 방향을 바꿔서 답안을 쓰면 '0'점 처리됩니다.
(Please do not turn the answer sheet horizontally. No points will be given.)

한국어능력시험
TOPIK Ⅱ
2 교시 (읽기)

성 명 (Name)	한 국 어 (Korean)	
	영 어 (English)	

수	험	번	호								
					8						
⓪	⓪	⓪	⓪	⓪		⓪	⓪	⓪	⓪	⓪	⓪
①	①	①	①	①		①	①	①	①	①	①
②	②	②	②	②		②	②	②	②	②	②
③	③	③	③	③		③	③	③	③	③	③
④	④	④	④	④		④	④	④	④	④	④
⑤	⑤	⑤	⑤	⑤		⑤	⑤	⑤	⑤	⑤	⑤
⑥	⑥	⑥	⑥	⑥		⑥	⑥	⑥	⑥	⑥	⑥
⑦	⑦	⑦	⑦	⑦		⑦	⑦	⑦	⑦	⑦	⑦
⑧	⑧	⑧	⑧	⑧	●	⑧	⑧	⑧	⑧	⑧	⑧
⑨	⑨	⑨	⑨	⑨		⑨	⑨	⑨	⑨	⑨	⑨

문제지 유형 (Type)	
홀수형 (Odd number type)	○
짝수형 (Even number type)	○

※결 시 확인란	결시자의 영어 성명 및 수험번호 기재 후 표기	○

※ 위 사항을 지키지 않아 발생하는 불이익은 응시자에게 있습니다.

※감독관 확 인	본인 및 수험번호 표기가 정확한지 확인	(인)

번호	답		란	
1	①	②	③	④
2	①	②	③	④
3	①	②	③	④
4	①	②	③	④
5	①	②	③	④
6	①	②	③	④
7	①	②	③	④
8	①	②	③	④
9	①	②	③	④
10	①	②	③	④
11	①	②	③	④
12	①	②	③	④
13	①	②	③	④
14	①	②	③	④
15	①	②	③	④
16	①	②	③	④
17	①	②	③	④
18	①	②	③	④
19	①	②	③	④
20	①	②	③	④

번호	답		란	
21	①	②	③	④
22	①	②	③	④
23	①	②	③	④
24	①	②	③	④
25	①	②	③	④
26	①	②	③	④
27	①	②	③	④
28	①	②	③	④
29	①	②	③	④
30	①	②	③	④
31	①	②	③	④
32	①	②	③	④
33	①	②	③	④
34	①	②	③	④
35	①	②	③	④
36	①	②	③	④
37	①	②	③	④
38	①	②	③	④
39	①	②	③	④
40	①	②	③	④

번호	답		란	
41	①	②	③	④
42	①	②	③	④
43	①	②	③	④
44	①	②	③	④
45	①	②	③	④
46	①	②	③	④
47	①	②	③	④
48	①	②	③	④
49	①	②	③	④
50	①	②	③	④

한국어능력시험
TOPIK Ⅱ
1 교시 (쓰기)

성 명 (Name)	한 국 어 (Korean)	
	영 어 (English)	

수	험	번	호								
					8						
⓪	⓪	⓪	⓪	⓪		⓪	⓪	⓪	⓪	⓪	⓪
①	①	①	①	①		①	①	①	①	①	①
②	②	②	②	②		②	②	②	②	②	②
③	③	③	③	③		③	③	③	③	③	③
④	④	④	④	④		④	④	④	④	④	④
⑤	⑤	⑤	⑤	⑤		⑤	⑤	⑤	⑤	⑤	⑤
⑥	⑥	⑥	⑥	⑥		⑥	⑥	⑥	⑥	⑥	⑥
⑦	⑦	⑦	⑦	⑦		⑦	⑦	⑦	⑦	⑦	⑦
⑧	⑧	⑧	⑧	⑧	●	⑧	⑧	⑧	⑧	⑧	⑧
⑨	⑨	⑨	⑨	⑨		⑨	⑨	⑨	⑨	⑨	⑨

문제지 유형 (Type)	
홀수형 (Odd number type)	○
짝수형 (Even number type)	○

※결 시 확인란	결시자의 영어 성명 및 수험번호 기재 후 표기	○

※ 위 사항을 지키지 않아 발생하는 불이익은 응시자에게 있습니다.

※감독관 확 인	본인 및 수험번호 표기가 정확한지 확인	(인)

주관식 답안은 정해진 답란을 벗어나거나 답란을 바꿔서 쓸 경우 점수를 받을 수 없습니다.
(Answers written outside the box or in the wrong box will not be graded.)

51	㉠	
	㉡	
52	㉠	
	㉡	
53	아래 빈칸에 200자에서 300자 이내로 작문하십시오 (띄어쓰기 포함). (Please write your answer below; your answer must be between 200 and 300 letters including spaces.)	

53

50

100

150

200

250

300

※ 54번은 뒷면에 작성하십시오. (Please write your answer for question number 54 at the back.)

54	주 관 식 답 란 (Answer sheet for composition)
	아래 빈칸에 600자에서 700자 이내로 작문하십시오 (띄어쓰기 포함). (Please write your answer below; your answer must be between 600 and 700 letters including spaces.)

50
100
150
200
250
300
350
400
450
500
550
600
650
700

54

※ 주어진 답란의 방향을 바꿔서 답안을 쓰면 '0'점 처리됩니다.
(Please do not turn the answer sheet horizontally. No points will be given.)

한국어능력시험
TOPIK II
2 교시 (읽기)

성 명 (Name)	한 국 어 (Korean)	
	영 어 (English)	

수	험	번	호								
					8						
0	0	0	0	0		0	0	0	0	0	0
1	1	1	1	1		1	1	1	1	1	1
2	2	2	2	2		2	2	2	2	2	2
3	3	3	3	3		3	3	3	3	3	3
4	4	4	4	4		4	4	4	4	4	4
5	5	5	5	5		5	5	5	5	5	5
6	6	6	6	6		6	6	6	6	6	6
7	7	7	7	7		7	7	7	7	7	7
8	8	8	8	8	●	8	8	8	8	8	8
9	9	9	9	9		9	9	9	9	9	9

문제지 유형 (Type)	
홀수형 (Odd number type)	○
짝수형 (Even number type)	○

※결 시 확인란	결시자의 영어 성명 및 수험번호 기재 후 표기	○

※ 위 사항을 지키지 않아 발생하는 불이익은 응시자에게 있습니다.

※감독관 확 인	본인 및 수험번호 표기가 정확한지 확인	(인)

번호	답		란	
1	①	②	③	④
2	①	②	③	④
3	①	②	③	④
4	①	②	③	④
5	①	②	③	④
6	①	②	③	④
7	①	②	③	④
8	①	②	③	④
9	①	②	③	④
10	①	②	③	④
11	①	②	③	④
12	①	②	③	④
13	①	②	③	④
14	①	②	③	④
15	①	②	③	④
16	①	②	③	④
17	①	②	③	④
18	①	②	③	④
19	①	②	③	④
20	①	②	③	④

번호	답		란	
21	①	②	③	④
22	①	②	③	④
23	①	②	③	④
24	①	②	③	④
25	①	②	③	④
26	①	②	③	④
27	①	②	③	④
28	①	②	③	④
29	①	②	③	④
30	①	②	③	④
31	①	②	③	④
32	①	②	③	④
33	①	②	③	④
34	①	②	③	④
35	①	②	③	④
36	①	②	③	④
37	①	②	③	④
38	①	②	③	④
39	①	②	③	④
40	①	②	③	④

번호	답		란	
41	①	②	③	④
42	①	②	③	④
43	①	②	③	④
44	①	②	③	④
45	①	②	③	④
46	①	②	③	④
47	①	②	③	④
48	①	②	③	④
49	①	②	③	④
50	①	②	③	④